L'INFANTERIE LORRAINE

SOUS LOUIS XV

PAR

LE GÉNÉRAL VANSON

I

RÉGIMENT DES GARDES LORRAINES

LIBRAIRIE MILITAIRE BERGER-LEVRAULT ET Cⁱᵉ

Éditeurs du « Carnet de la Sabretache »

PARIS
5, RUE DES BEAUX-ARTS

NANCY
18, RUE DES GLACIS

1896

L'INFANTERIE LORRAINE

SOUS LOUIS XV

AVIS

La présente notice est simplement la réunion en une seule brochure de huit articles parus successivement, de septembre 1893 à novembre 1894, dans le *Carnet de la Sabretache*, publication entreprise en 1893 par la Société « la Sabretache » dans le but de créer une *Revue militaire rétrospective*, complément du *Musée historique des armées de terre et de mer* dont cette Société poursuit la création.

Les dimensions encore restreintes du *Carnet de la Sabretache* avaient nécessité de trop nombreuses coupures dans la publication de cette notice régimentaire, rédigée d'ailleurs au fur et à mesure des recherches faites aux Archives anciennes de la guerre. De ces deux conditions défavorables sont résultées, au point de vue de l'ensemble de la composition, des imperfections que le lecteur est prié d'excuser.

Les études à suivre sur les autres troupes lorraines de la même époque n'ont point encore paru dans le *Carnet de la Sabretache*; elles sont en préparation.

Janvier 1896.

V.

OFFICIERS DES GARDES LORRAINES

(VERS 1760)

PUBLICATIONS DE LA SOCIÉTÉ « LA SABRETACHE »

L'INFANTERIE LORRAINE

SOUS LOUIS XV

PAR

LE GÉNÉRAL VANSON

I

RÉGIMENT DES GARDES LORRAINES

LIBRAIRIE MILITAIRE BERGER-LEVRAULT ET Cⁱᵉ

Éditeurs du « Carnet de la Sabretache »

PARIS
5, RUE DES BEAUX-ARTS

NANCY
18, RUE DES GLACIS

1896

L'INFANTERIE LORRAINE SOUS LOUIS XV

AVANT-PROPOS

De tout temps la France a trouvé en Lorraine des soldats solides et dévoués. Qui pourrait compter les fils de cette province morts pour sa cause, à partir des origines mêmes de ce « gentil royaume de France », tant aimé de Jeanne « la bonne Lorraine » ? Plus d'une fois, il est vrai, des ducs batailleurs ne craignirent point de combattre leur puissante voisine, mais dans toutes nos crises les plus dangereuses, les robustes enfants de la terre lorraine ont défendu le sol de la Gaule. Chacun sait le rôle que jouèrent les Guise dans la lutte contre le protestantisme et contre Charles-Quint.

L'histoire de la Lorraine militaire reste cependant à écrire[1], car, dans leur amour instinctif de la grande patrie, les nouveaux Français de l'Est se plurent bientôt à oublier leurs propres luttes et leurs vieilles frontières pour devenir ses plus fidèles serviteurs. S'ils se souviennent aujourd'hui, c'est surtout pour grossir de leurs anciens trophées provinciaux, le glorieux faisceau patrimoine de la nation.

Longue serait l'énumération des corps lorrains d'infanterie et

---

1. Les institutions militaires de la Lorraine, du temps de ses ducs, ont fait l'objet d'un livre remarquable paru en 1884, écrit en toute compétence par un homme aussi consciencieux qu'érudit, feu M. Henri Lepage, archiviste de Meurthe-et-Moselle, président de la Société d'archéologie lorraine, etc. Je parle, par conséquent, surtout ici de l'histoire militaire de la Lorraine, au point de vue de l'étude spéciale des faits de guerre des troupes recrutées en Lorraine, et des services des officiers et soldats lorrains dans l'armée française. Pour cette suite à l'ouvrage de M. Lepage, les documents sont à Paris et non plus à Nancy, et c'est à la constante obligeance de ses distingués confrères, les archivistes du ministère de la guerre, que je dois, comme presque toujours, d'avoir pu recueillir le fond de la présente notice. Je saisis cette occasion de les remercier.

G^{al} V.

de cavalerie levés ou passés au service de la France dans les guerres des xvi° et xvii° siècles, du temps où chaque entrée en campagne entraînait la formation de nouvelles troupes, licenciées après la guerre aussi facilement qu'elles avaient été créées. On trouvait à cette époque sur les marches de France toute une population en partie flottante, toujours disposée à s'enrôler à la première occasion, sous les ordres de partisans ou de seigneurs dont le renom ou la haute situation lui inspirait confiance. Un capitaine n'était pas lent à trouver des cadres et à recruter sa compagnie dans ces pays frontières incessamment dévastés par la guerre.

Les régiments lorrains dont il sera question ici n'appartiennent pas à la période que nous venons de rappeler et représentent beaucoup plus exactement la population lorraine pure, car ils furent levés administrativement dans les cantons des duchés de Lorraine et du Barrois, passés à la fin de l'année 1736 sous le sceptre transitoire du dernier roi de Pologne, Stanislas Ier, père de la reine Marie Leczinska, épouse de Louis XV. Les *nouveaux* corps reçurent les noms bien connus de *Gardes lorraines, Royal-Lorraine* et *Royal-Barrois*. Nous ne saurions entreprendre ici d'écrire leur histoire, qu'on trouve du reste déjà retracée, avec quelque développement, dans l'*Histoire de l'infanterie française*, due à la jeunesse laborieuse de M. le général Susane. Notre but est simplement de faire connaître, conformément au programme général du *Carnet de la Sabretache*, un certain nombre de documents inédits, de particularités d'organisation et de détails d'uniforme concernant ces trois régiments d'infanterie, ainsi que les milices mises également sur pied sous le règne de Stanislas.

Dans la pensée de donner au lecteur un aperçu général de l'ensemble du sujet avant de traiter en particulier de chaque régiment, nous croyons devoir placer d'abord sous ses yeux une sorte de mémoire récapitulatif soumis à Louis XV par les bureaux de la Guerre, en 1749. Le voici avec la formule même de la décision royale qui y fut apposée.

1er septembre 1749.

« En 1740, lorsqu'il n'était encore nullement question de guerre, le Roy voulut bien créer un régiment d'infanterie sous le titre de *Gardes lorraines*, qu'il destina uniquement à servir de gardes au Roy de Pologne et à procurer des emplois à la noblesse du pays.

Au commencement de 1744 on tira des milices de Lorraine un nouveau régiment de deux bataillons sous le titre de Royal-Lorraine et, quelque temps après, on en forma de même un autre sous le titre de Royal-Barrois, aussi de deux bataillons.

En 1747, le régiment des Gardes de Lorraine, que son union avec celui de Perche[1] avait mis à deux bataillons, obtint d'en lever un troisième.

On voit donc qu'avant la première réforme, la Lorraine fournissait à trois régiments de troupes réglées composant sept bataillons et à trois régiments de milices composant six bataillons, au total treize bataillons.

Les emplois de tous ces régiments étaient remplis par des sujets lorrains et le Roy de Pologne avait la présentation des sujets à tous ces emplois.

La paix survenue au mois de mai 1748 ayant engagé le Roy à diminuer ses forces, le régiment des Gardes de Lorraine a été réduit à deux bataillons, le régiment Royal-Lorraine a été supprimé, le régiment Royal-Barrois va l'être, et la plus grande partie des milices a été licenciée.

Par l'ordonnance du 10 février 1749, les deux bataillons du régiment des Gardes lorraines sont réduits à treize compagnies chacun et les capitaines réformés du 3e bataillon se trouvent naturellement attachés aux anciennes compagnies ; tous les lieutenants de ce corps sont renvoyés.

Cet arrangement exécuté, il en résulte que le Roy de Pologne, qui avait ci-devant la présentation aux emplois de treize bataillons et qui les remplissait aisément de tout ce que la Lorraine pouvait

---

1. Le régiment du Perche avait été réuni à celui des Gardes lorraines par ordonnance du 20 mars 1744. Il remontait aux gardes du prince de Carignan (Thomas-Emmanuel-Philibert de Savoie) dont il porta d'abord le nom et datait d'avril 1644. Le régiment réuni garda cette ancienneté qui fixa son rang dans l'infanterie française, et lui valut en 1791 le n° 47 dans la série de nos régiments d'infanterie.

fournir de meilleurs sujets, n'aura pas la faculté de donner la lieutenance à aucun gentilhomme du pays, tels que ceux qu'il faisait
élever pour cela comme cadets, ou à d'autres attachés à son service.

Ces réformes dont on vient de parler, jointes à celles qu'ont essayées tous les Lorrains qui, avant le changement d'État, étaient
entrés dans les régiments étrangers au service du Roy, ces réformes
dis-je, remplissent le pays de gens de condition qui auraient servi
toute leur vie et qui, dans le désespoir d'en avoir perdu les moyens,
passeront en grande partie chez les étrangers, au service desquels
ils ne trouveront que trop de préférence.

Pour prévenir cet inconvénient et pour rendre au Roy de Pologne l'agrément dont il jouissait d'attacher de bons sujets au service du Roy, on propose un moyen qui ne lui coûtera rien : c'est
d'attacher à la suite du régiment des Gardes de Lorraine ✝, les
colonels, les lieutenants-colonels et capitaines réformés qui voudront prendre ce moyen pour continuer à servir, et d'accorder des
lettres de lieutenant réformé aux jeunes gens qui voudront entrer
dans le service, le tout sans appointements. »

Après avoir lu ce mémoire, Louis XV fit la croix reproduite ci-
dessus et inscrivit sa décision au bas du mémoire :

✝ Bon, pourvu que ce soit des Lorrains.

I. — REGIMENT DES GARDES LORRAINES.

(47e régiment d'infanterie en 1791.)

Une série de pièces conservée aux archives de la Guerre montre comment furent préparés et donnés les ordres relatifs à la formation de ce régiment ; elles débutent par un mémoire daté de Marly, 10 février 1740, « pour faire connoître ce qu'il en coustera par an pour la subsistance et entretenement d'un bataillon de 17 compagnies qu'il a esté resolu de lever sous le nom de Regiment des Gardes de Lorraine ». Ce calcul ayant été modifié, il paraît inutile de le reproduire, passons donc aux pièces suivantes, dont l'enchaînement évident n'a pas besoin de commentaires.

Mémoire.

14 février 1740.

On propose à Sa Majesté de lever en Lorraine un régiment d'infanterie sous le nom de Gardes de Lorraine, qui servira en temps de paix à la garde du Roy de Pologne et en temps de guerre ira à l'armée, attendu qu'alors le Roy se contentera pour sa garde d'un bataillon de milice du pays.

Le Roy de Pologne demande d'avoir la nomination des emplois.

On compte que la levée et le premier habillement se feront aux dépens du capitaine et que la masse qui sera établie servira pour le second.

On demande si ce régiment sera mis sur le pied de 30 hommes par compagnie seulement, ou de 40 qui est le grand complet de l'infanterie pour le temps de guerre.

L'entretien de ce régiment sur le pied de 30 hommes par compagnie coûtera par an, cy. . . . . 105,029 #

et sur le pied de 40, cy. 131,788

Différence. . . . . 26,759 #

Bon a trente hommes.

A M. le marquis de Breteuil.

Lunéville, ce 25 février 1740.

Monsieur,

Vous avez été informé sans doute que le Roy a bien voulu se rendre à la pressante sollicitation du Roy de Pologne, pour faire lever un régiment d'infanterie dans cette province sous le nom de Gardes de Lorraine, qui doit servir à remplacer le détachement de bas officiers des Invalides qui sont ici.

Comme Sa Majesté se trouve pressée par le nombre de sujets qui y demandent de l'emploi et qu'elle ne peut prendre aucun engagement, que l'ordonnance du Roy pour la création de ce régiment ne soit rendue, Elle me charge de vous prier de vouloir bien donner cette satisfaction le plus tôt qu'il sera possible.

J'ai écrit par ses ordres pour prévenir M. le prince de Craon qu'Elle en destine le commandement à M. son fils, ce qui a été agréé par V. E.

Comme Elle est extrêmement contente des services de M. de Moncamp qui commande actuellement sa Garde, Elle désire de le conserver auprès de sa personne, et pour cet effet ses vues sont de demander qu'il puisse faire une compagnie dans le régiment nouveau, avec pouvoir de le commander en l'absence du colonel, vous savés qu'il a commission de mestre des camps (*sic*) depuis longtemps, Elle m'a chargé de vous en prévenir, en vous priant de seconder sa bonne volonté sur cet article, comme aussi l'intention où Elle est de proposer pour lieutenant-colonel et pour capitaine dans ce régiment deux de mes frères servant, l'un depuis environ vingt ans, l'autre depuis sept, dans le régiment d'Enghien, pour lesquels je demande en particulier vos bontés.

Je suis avec respect, Monsieur, votre très humble et très obéissant serviteur,

La Galaizière [1].

---

[1]. Chancelier garde des sceaux et intendant de Lorraine, en réalité véritable premier ministre donné à Stanislas par le Roy de France.

.3 mars 1740.

Mémoire.

Le dimanche 14 février 1740, feu **M.** d'Angervilliers [1] a remis le mémoire cy-joint avec le bon du Roy pour la levée du régiment d'infanterie destiné à former les Gardes de Lorraine qui doivent être composées de naturels du pays, et les compagnies formées aux dépens des capitaines dans les quartiers d'assemblée assignés en Lorraine par Sa Majesté Polonoise aux capitaines et officiers qu'Elle aura choisis dans le pays.

L'ordonnance pour authoriser cette levée a été faite en conséquence telle qu'elle est icy.

On propose : 1° de l'envoyer au Roy de Pologne en luy demandant les noms des capitaines que Sa Majesté aura agréés pour les compagnies, ceux des quartiers d'assemblée indiqués pour chacune et le quartier général d'assemblée du régiment entier, pour y faire rendre chaque compagnie à mesure qu'elle sera formée au nombre de 30 fixé par l'ordonnance.

2° D'en adresser une expédition à **M.** de la Galaisière, chancelier et intendant de la Province, afin de le mettre en estat de charger les commissaires des guerres des résidences le plus à portée du quartier de chaque troupe d'en faire revue et d'ordonner le payement de la solde de 5^s 6^d par homme, du jour qu'il y en aura dix ensemble jugez d'âge et de taille propres à bien servir en chaque compagnie.

(*Non signée.*)

A M. de la Galaisière.

A Versailles, le 6 avril 1740.

Je n'ay pu, Monsieur, répondre à la lettre que vous m'avez fait l'honneur de m'écrire le 25° de février dernier, qu'après avoir rendu compte au Roy et à S. E. de ce qu'elle contient. Il est vray que Sa Majesté a agréé la levée du régiment d'infanterie des Gardes

---

1. Secrétaire d'État de la guerre, remplacé à sa mort, en février 1740, par M. de Breteuil.

de Lorraine pour servir à la garde du Roy de Pologne, au lieu des trois compagnies des bas officiers de l'hostel royal des invalides qui y ont été employées jusqu'à présent ; son intention est aussi que ce régiment soit composé de naturels du pays, se rapportant néanmoins au choix de Sa Majesté Polonoise pour les officiers qu'Elle nommera, mais comme il convient lors de la première levée de composer ce régiment d'officiers d'expérience et en état de le former, Sa Majesté, en s'en remettant au Roy de Pologne, ainsi que j'ay l'honneur de vous le marquer cy-dessus, trouvera bon qu'il choisisse entre les officiers qui commandent ses troupes françoises, ceux que Sa Majesté Polonoise jugera convenir le mieux pour dicipliner et former plus promptement ce régiment. Ainsi je présume que le choix qu'Elle a fait d'avance de M. de Moncan pour y servir en qualité de colonel sous les ordres de M. le prince de Beauvau et de MM. vos frères, l'aîné en qualité de lieutenant-colonel et le second en celle de capitaine d'une compagnie, ne souffrira aucune difficulté.

Vous trouverez ici l'expédition de l'ordonnance que Sa Majesté vient de prendre pour authoriser cette levée et le payement de la solde à raison de 5ˢ 6ᵈ par jour, à commencer de celuy qu'il y aura dix hommes effectifs propres à bien servir au quartier d'assemblée qui sera assigné à chaque compagnie afin d'en accélérer la levée, conformément à cette ordonnance. Il en sera incessamment envoyé une autre plus détaillée pour régler le payement des appointemens d'officiers et la solde des sergents et soldats.

Lorsque Sa Majesté Polonoise m'aura fait l'honneur de m'envoyer l'état des officiers qu'Elle aura agréés pour lever les compagnies, je prendrai les ordres du Roy pour les expéditions qu'il y aura à faire en conséquence, tant pour M. le prince de Beauvau auquel Sa Majesté a destiné le commandement de ce régiment, que pour les autres officiers qui y seront admis.

J'ai l'honneur d'être très parfaitement, Monsieur, votre très humble et très obéissant serviteur.

(En minute.)

Ordonnance du Roy pour la levée d'un régiment d'infanterie sous le titre de Gardes de Lorraine.

Du 6 avril 1740.

De par le Roy,

Sa Majesté ayant agréé la levée d'un régiment d'infanterie des Gardes de Lorraine qui sera composé de dix-sept compagnies de trente hommes chacune, dont une de grenadiers au même nombre, avec prévosté, a ordonné et ordonne que les capitaines et autres officiers de ce régiment, qui seront choisis entre les naturels du pays, travailleront incessamment à mettre sur pied les compagnies dont ils auront le commandement et à les composer du nombre marqué ci-dessus, aussi de naturels du pays, de l'âge et taille requis, en vertu des ordres qui leur seront délivrés par le Roy Stanislas de Pologne, duc de Lorraine, pour être lesdites compagnies assemblées et formées dans les villes et lieux qui leur seront indiqués, y passer en revue devant les commissaires des guerres préposés à cet effet et être payées des appointements et solde qui leur seront réglés par l'ordonnance qui sera incessamment expédiée, à commencer du jour qu'il y aura dix hommes présents et effectifs au quartier d'assemblée de chaque compagnie à raison de 5 sols 6 deniers pour chaque homme par jour.

Mande et ordonne Sa Majesté aux gouverneurs et autres officiers généraux ayant commandement sur les troupes en Lorraine, au sieur de la Galaisière, chancelier et intendant en ladite province, et à tous autres ses officiers qu'il appartiendra, de tenir la main à l'exécution de la présente.

Fait à Versailles le six avril 1740.

LOUIS.

Au Roy de Pologne.

A Versailles, le 6 avril 1740.

Sire,

J'ai l'honneur d'envoyer à Votre Majesté l'ordonnance que le Roy m'a commandé d'expédier pour la levée d'un régiment d'infanterie sous le titre de Gardes de Lorraine.

Je supplie très humblement Votre Majesté de vouloir me faire adresser l'estat des capitaines et autres officiers qu'Elle aura choisis pour mettre sur pied chaque compagnie, les noms des quartiers qu'Elle aura assignés, ainsi que la ville qu'il lui aura plu d'indiquer pour l'assemblée générale du régiment où les compagnies devront se rendre au fur et à mesure qu'elles seront complètes au nombre de trente.

Les commissaires des guerres en résidence dans les villes les plus à portée des quartiers d'assemblée auront ordre d'y faire les revues pour constater la solde à payer à chacune de ces nouvelles troupes, dès qu'il y aura dix soldats ensemble à chacune ainsi que les appointements des officiers qui y seront présents ; ils seront fixés par une ordonnance postérieure que Sa Majesté envoyera incessamment pour en régler le payement plus en détail.

J'ai l'honneur d'être avec un très profond respect,

Sire,

de Votre Majesté,

le très humble et très obéissant serviteur.

(*En minute.*)

Les cadres des Gardes-Lorraines (pour employer cette dénomination que l'usage substitua peu à peu à celle de Gardes de Lorraine, par analogie avec le nom donné aux Gardes-Françaises) furent rapidement constitués. Le 1er mai 1740, les bureaux de la guerre expédièrent les nominations de 40 officiers dont 17 capitaines, 17 lieutenants, 2 enseignes, 2 lieutenants en second, 1 major et 1 aide-major. Voici les noms de ces premiers officiers du régiment parmi lesquels on reconnaîtra facilement en Lorraine ceux des principaux officiers originaires de cette province. Suivant les usages militaires du temps, le colonel prince de Beauvau figure au nombre des 17 capitaines, comme étant lui-même capitaine de la compagnie colonnelle. Les noms ont été exactement relevés dans les contrôles du temps aux archives de la guerre.

Capitaines.	*Lieutenants.*	*Enseignes et lieutenants en second.*
P^{ce} de Beauvau, col^{el}.	Tonnoy.	Definances, enseigne.
Cte de Montcamp (*colonel en second*).	De Lavaux.	D'Elliot, id.
Mareil, lieuten.-col^{el} [1].	De Saint-Lambert.	Chevalier de Mareil, lieutenant en second.
De Rivray (grenadiers).	De Ligny.	De Fontaine, lieutenant en second.
Bressay.	Grand-Demange.	
Mitrye.	De Boussemard.	
De Raigecourt.	Doridan.	
Legrand.	De Guesnon.	
De Chamissot.	Bryamille de Villars.	
De Ludre.	De Berman.	
Brassac.	Montluc.	
Choiseuil.	Bertinet.	
Dessalles.	Darnay.	
De Rutant.	O'Mor.	
De Custine de Marsilly.	Fagan.	
De Montureux.	Rouot.	
Despada.	La Rocheaimon.	

Daudiffret, major.
Moret, aide-major.

Parmi les officiers ayant déjà servi en France on peut citer : le colonel prince de Beauvau, lieutenant réformé dans le régiment de cavalerie de la Reine, le lieutenant-colonel Mareil et le capitaine de grenadiers Rivray, tous deux ex-capitaines au régiment d'infanterie d'Enghien, le capitaine Bressay, ex-capitaine dans le régiment de Marsan, et le major Daudiffret.

Le comte de Montcamp, colonel réformé d'infanterie, commandait la Garde à pied du Roy de Pologne ; l'aide-major Moret est également qualifié de capitaine d'une des compagnies d'infanterie de la Garde du Roy de Pologne.

Les premiers contrôles des sous-officiers et soldats du régiment des Gardes-Lorraines existent encore, classés par compagnie, au ministère de la guerre. Les têtes des compagnies sont entrées au

---

1. Chaumont de la Galaisière de Mareil (Lomau de la Jaisse).

service le 15 juillet 1740, date qui paraît être, par conséquent,
celle du commencement de l'existence réelle du régiment. Les
hommes ont pour la plupart dépassé l'âge de 20 ans, beaucoup ont
de 25 à 30 ans sans compter les vieux bas-officiers. La taille des
soldats est en majorité de 5 pieds 4 pouces et au-dessus ; ceux de
5 pieds 6 pouces ne sont pas rares. Beaucoup de sergents sortent
des bas officiers de la Garde du Roy de Pologne et sont par suite
originaires de différentes provinces de France. Les soldats sont
presque tous lorrains ; il y a quelques alsaciens.

Dans le *Septième abrégé de la carte générale du miliaire de France
sur terre et sur mer jusqu'en décembre 1840,* par Lemau de la Jaisse,
le régiment des Gardes-Lorraine *(sic)* est inscrit à la queue de
l'infanterie sous le n° 122, après le régiment Royal-Corse créé en
1739. On lit dans la note spéciale consacrée à cette création :

Ce nouveau régiment se forme à Saint-Nicolas en Lorraine. Il ne com-
mencera à servir à Lunéville qu'en 1741 et ne sera habillé qu'au mois de
janvier de la même année. Son uniforme sera un jaune, comme le reste de
la maison du Roi de Pologne... Tambours de la livrée du Roi de Pologne.
Deux drapeaux dont un blanc colonel et croix blanche et l'autre d'ordonnance dans la compagnie du colonel en second.

Il y a prévôté ou grand état-major, composé d'un maréchal des logis,
d'un aumônier, d'un chirurgien-major, d'un prévôt, d'un lieutenant du
prévôt, d'un greffier, de cinq archers et d'un exécuteur de justice.

Le traitement de ce régiment est sur le pied français.

Son quartier est à présent à Saint-Nicolas en Lorraine, il restera toujours à Lunéville.

La question est de savoir si les prévisions du *Septième abrégé* se
sont réalisées quant à l'uniforme, et ceci nous conduit à résumer
ici les renseignements existant, à notre connaissance, sur les va-
riations de tenue des Gardes-Lorraines.

La maison militaire du Roi de Pologne portait le justaucorps
jaune avec parements noirs et boutons blancs, on en possède les
uniformes ; par contre, nous ne connaissons pas de représentation
contemporaine de l'uniforme des Gardes-Lorraines en jaune, si
réellement il a eu lieu. Il serait donc à désirer que la question fût
élucidée par un portrait conservé dans la famille de l'un des officiers du régiment et nous voudrions que la publicité du *Carnet de*

la Sabretache fût plus grande, pour que cet appel ait plus de chances d'être entendu.

Afin de ne point revenir sur cette question de l'uniforme, disons de suite celui que porta le régiment pendant la majorité, si ce n'est pendant la totalité de son existence, sous le titre de Gardes-Lorraines.

La tenue se composait d'un justaucorps entièrement bleu avec des boutonnières en galon blanc ; pattes de poche garnies de trois boutons, autant sur la manche, le bouton blanc ; le reste à l'ordinaire. Les tambours ont toujours été en jaune avec le parement noir ; les galons sur le justaucorps, le collier de caisse et le ceinturon étaient à la livrée du Roy de Pologne, blanc et noir.

D'après un manuscrit du temps appartenant à M. Gustave Bord, l'uniforme suivant avait été constaté et approuvé par lettre du 27 octobre 1755.

Justaucorps bleu, colet et paremens bleus, agrémens blancs sur l'habit, doublure blanche, veste et culotte blanches, boutons blancs, patte ordinaire garnie de trois boutons et autant sur la manche, chapeau bordé d'argent.

Puis l'uniforme fut « rétabli » avec les modifications suivantes par lettre du 10 février 1759.

Habit, veste et culotte bleus, doublure bleue pour l'habit et blanche pour la veste. L'habit et la veste sont garnis jusqu'à la taille d'agrémens blancs ainsi que le colet ; boutons blancs d'un seul côté sur l'habit et sur la veste ; patte garnie de trois boutons et autant sur la manche.

La couleur de la veste, de la culotte et de la doublure aurait donc varié du blanc au bleu.

… Le recueil de gouaches anciennes représentant les uniformes de l'infanterie en 1758, existant à la bibliothèque du dépôt de la guerre, contient un soldat des Gardes-Lorraines portant l'uniforme correspondant à la lettre du 27 octobre 1755.

La série des uniformes de toute l'infanterie fut pour la première fois réglée officiellement dans son ensemble par l'ordonnance de 1762, qui fixa comme il suit l'uniforme des Gardes-Lorraines.

Habit, collet, paremens et revers bleus, doublure, veste et culotte blanches, pattes ordinaires garnies de trois boutons, autant sur la manche, quatre au revers et quatre au-dessous, boutons blancs et plats avec le n° 30. Chapeau bordé d'argent.

Un très curieux portrait en pied de deux officiers des Gardes-Lorraines, appartenant à M. le Marquis de Vaulchiez et qui figurait à l'Exposition rétrospective militaire de 1889, représente l'uniforme des Gardes-Lorraines avec l'habit à revers et les épaulettes distinctives du grade adoptés en 1762. La veste et la culotte sont en drap bleu, l'habit et la veste richement galonnés en argent. Quelques grenadiers du régiment, figurant derrière les deux officiers, ont le bonnet à poil à plaque de cuivre avec plumet blanc et glands blancs sur le côté droit. Le chapeau de l'officier porte la cocarde blanche. L'ensemble de cette tenue est d'une sévérité élégante.

Il va sans dire que l'équipement et l'armement des officiers et de la troupe avaient subi les modifications adoptées successivement dans l'infanterie française. En conséquence, dans le portrait dont nous venons de parler et qu'a reproduit en petit l'ouvrage officiel sur l'Exposition de 1889, les deux officiers ont la giberne portée par une bandoulière blanche et sont armés du fusil.

La mort du roi Stanislas, survenue par un triste accident, le 5 février 1766, au château de Lunéville, changea la situation du régiment des Gardes-Lorraines, qui perdit son nom et son uniforme spécial, en vertu d'une décision de Louis XV inscrite sur la pièce suivante :

23 mars 1766.

Par l'ordonnance concernant l'arrangement des régiments d'infanterie du 10 décembre 1762, il a été dit que le régiment des Gardes-Lorraines n'éprouverait pas de changement pour le nom ni pour l'habillement, mais seulement pour la composition.

Dans les circonstances présentes on croit devoir proposer au Roy :

De le mettre sous le titre de la Province de Lorraine, en lui ôtant celui de Gardes-Lorraines, et qu'à l'avenir il sera habillé de blanc comme tous les autres régiments d'infanterie, au lieu d'être habillé de bleu.   BON.

En exécution de cette décision, une ordonnance contresignée Choiseul fut rendue le 28 mars 1766 ; elle disposait que le nouvel uniforme du régiment serait déterminé par le règlement d'habillement, alors en préparation et qui parut le 25 avril 1767. Les Gardes-Lorraines devenues simplement Lorraine-Infanterie prirent alors, avec l'habit blanc, les parements, le collet et les revers de panne noire, boutons jaunes, le n° 30. On peut voir dans le choix de cette couleur distinctive soit un signe de deuil, soit un souvenir de la livrée du roi Stanislas [1], mais le comte de Saint-Germain la remplaça en 1776 par le vert foncé et toute tradition disparut.

D'après la lettre de M. de la Galaizière au marquis de Breteuil que nous avons reproduite, la création du régiment des Gardes de Lorraine avait été décidée sur le désir du roi Stanislas. Avant même que les Gardes n'eussent pris leur service à Lunéville, la mort de l'empereur Charles VI, survenue le 20 octobre 1740, et l'entrée des Prussiens en Silésie le 23 décembre suivant, vinrent ébranler l'Europe et marquer le début de cette longue guerre de la succession d'Autriche qui força toutes les puissances à augmenter leurs armées. Cette fois la France prit l'initative et voulut avoir à sa disposition un contingent de troupes lorraines, elle requit de Stanislas la levée et l'organisation de milices sur le pied français. Six bataillons de milice levés en 1741 furent formés en trois régiments, qui passèrent au service et à la solde de la France le 1er février 1742. Les milices lorraines servirent en outre à constituer en 1744 et 1745, tout en se recomplétant elles-mêmes, les deux régiments d'infanterie de Royal-Lorraine et de Royal-Barrois.

Bien que levées par les soins de l'intendant de la Galaizière, les Gardes lorraines étaient composées d'enrôlés volontaires recrutés par le système du racolement en usage à cette époque ; le service obligatoire, sous la forme du tirage au sort, fut au contraire la

---

1. Cette dernière hypothèse est plus probable, car avant même la mort de Stanislas le noir figurait déjà dans l'uniforme des régiments Royal-Lorraine et Royal-Barrois.

base de la formation des autres troupes d'infanterie lorraines. On le verra avec détails dans la suite de cette notice, mais il convenait d'établir cette distinction avant d'aller plus loin, d'autant mieux que les régiments de milice furent appelés, par la France, hors du duché avant les Gardes lorraines elles-mêmes, car de juin à juillet 1742 ces régiments arrivèrent en garnison à Landau, Calais et Givet.

Nous n'avons point trouvé dans les documents locaux de comptes rendus relatifs à la formation des Gardes lorraines, ou racontant leur entrée en service à la cour de Stanislas. Seules, les archives des affaires étrangères possèdent une pièce manuscrite indiquant les quartiers d'assemblée du régiment, en voici la reproduction :

NOMS des compagnies.	QUARTIERS d'assemblée.	NOMS des compagnies.	QUARTIERS d'assemblée.
Grenadiers.	Lunéville.	Chamissot.	Corny.
Colonelle.	Vézelise.	de Ludre.	Épinal.
2ᵉ colonelle.	Lunéville.	Brassac.	Broussey et Raulicourt.
Lieut.-colonelle.	Id.		
de Bressey.	Nancy.	Dessalles.	Neufchâteau.
de Fussey¹.	Thiaucourt.	Rutant.	Saint-Dié.
Raigecourt.	Vézelise.	Custine.	Longeville.
Legrand.	Bar.	Montureux.	Nancy.
		Spada.	Hatton-Chastel.
		État-major.	Lunéville.

Lors de sa nomination de colonel du nouveau régiment, le prince de Beauvau se trouvait en Corse, où M. de Maillebois venait de réprimer une insurrection ; il s'était embarqué le 19 juin sur une felouque, à Bastia, pour rejoindre son poste.

Afin de former plus promptement les gardes aux pratiques militaires françaises, on songea de bonne heure à les dépayser, témoin la lettre suivante du Ministre de la guerre au maréchal de Belle-Isle, à Metz :

---

1. M. de Fussey, qui figura d'abord sur la liste des capitaines des Archives de la guerre, y est biffé et remplacé par M. Mitrye ou de Mitry, car dans ces premiers documents les mêmes noms se retrouvent souvent avec ou sans la particule. Nous les reproduisons tels qu'ils sont écrits.

Versailles, le 4 mars 1741.

Vous vous souviendrez bien, Monsieur, de la réponse que j'ai eu l'honneur de vous communiquer de M. de la Galaizière sur la destination projetée de la garnison de Strasbourg, comme une des plus utiles pour former le régiment des Gardes de Lorraine. Vous serez vraisemblablement bientôt à portée de traiter la chose avec le Roy de Pologne et de me faire savoir réellement ce qu'en pense Sa Majesté polonaise, afin que je puisse prendre les ordres du Roy, pour ne faire que ce qui lui sera agréable et de plus convenable au bien du service, après quoi je répondrai à M. de la Galaizière.

J'ai l'honneur d'être avec un très parfait attachement, Monsieur, votre très humble et très obéissant serviteur.

DE BRETEUIL.

Le régiment des Gardes lorraines entra en campagne au printemps de 1743; dès l'hiver 1742-1743, la France avait fait hiverner des troupes sur ses frontières du Nord et de l'Est; le 1ᵉʳ janvier 1743 trouva les Gardes lorraines à Strasbourg. Puis, à l'approche du printemps, le mouvement vers le Mein de forces alliées anglaises, hanovriennes et autrichiennes se dessinant clairement, nous dûmes rassembler une armée sur la frontière d'Alsace; appelé à la commander, le maréchal de Noailles arriva à Strasbourg le 24 mars et se rendit à Spire où cette armée se formait. Les Gardes lorraines furent désignées pour en faire partie et quittèrent Strasbourg vers le milieu d'avril, sous le commandement du lieutenant-colonel de Rivray; c'était leur début et elles débutèrent bien d'après la lettre suivante adressée au comte d'Argenson :

A Hennofen [1], près de Spire, ce 26 avril 1743.

« Monseigneur,

« J'ai l'honneur de vous informer que le régiment des Gardes de Lorraine a vécu depuis son départ de Strasbourg jusqu'ici avec toute la discipline imaginable, dont j'ai la preuve sur les certificats de bonne vie que l'on m'a donnés dans les endroits où le régiment a séjourné sur la route. Le mauvais temps nous a obligés de laisser quelques hommes dans les hôpitaux, lesquels ont rejoint la plu-

---

1. Hanhofen.

part depuis que nous sommes cantonnés icy. Nous n'avons pas perdu un seul homme de désertion jusqu'à présent et j'espère que nous n'aurons nul reproche à essuyer sur notre conduite.

« Je suis avec un profond respect, Monseigneur, votre très humble et très obéissant serviteur.

« RIVRAY,

« *Lieutenant-colonel des Gardes de Lorraine.* »

L'annotation marginale du ministre est à reproduire, en ce qu'elle prouve l'attention accordée à l'attitude du nouveau régiment lorrain, alors que la mainmise de la France sur la Lorraine était encore si récente et que le dernier duc de Lorraine se trouvait, de par son mariage, dans le camp ennemi. La voici :

M. de B. [1] *Lui faire compliment sur la marche du régiment et la discipline de sa troupe et lui faire sentir qu'elle a besoin de se faire connaître par là dans le commencement de l'usage que le Roi fait de ce régiment. Je le prie de m'en rendre compte fréquemment et surtout de m'informer de ce qui se passerait par rapport à la désertion.*

Le colonel ne rejoignit son régiment qu'à Worms, le 11 mai. Charles-Just, prince de Beauvau, né à Lunéville le 10 novembre 1720, n'avait pas encore par conséquent 23 ans. Le futur maréchal de France, dont le maréchal de Belle-Isle a pu dire alors qu'il était « l'aide de camp de tout ce qui marchait à l'ennemi », n'en était plus à ses débuts. Laissant son régiment en garnison, il était allé au mois d'août 1741 servir comme volontaire à l'armée de Bohême et s'était trouvé à la prise de Prague en novembre, au combat de Sahay, à la défense de Prague où il reçut une blessure dans la sortie du 19 août 1742. Après avoir pris sa part des souffrances de l'armée dans la fameuse retraite du maréchal de Belle-Isle en décembre, il était rentré en France au mois de février 1743 et la croix de Saint-Louis avait sanctionné le surnom de *jeune brave*, que lui avaient donné les grenadiers de l'armée de Bohême.

Arrivé avec son régiment à Dixheim près Oppenheim, le prince de Beauvau rendit compte à son tour au ministre :

---

1. M. de Briquet, chargé au bureau de la guerre, à Versailles, de la correspondance militaire, etc.

« Monsieur,

« Le régiment des Gardes de Lorraine que j'ai joint le 11, jour de son arrivée à Worms, a marché jusque-là dans le plus grand ordre et a observé dans les cantonnements une discipline très exacte et à laquelle les chefs de chaque village ont rendu justice par des certificats et attestations authentiques. Je l'ay amené ici le 12 et j'ai vu dans la marche, qui a été longue et pénible, toute la bonne volonté et l'obéissance des soldats ; je n'oublierai rien pour maintenir les choses sur le pied où elles sont et pour mériter que les officiers généraux sous lesquels nous serons, puissent vous rendre, Monsieur, un compte favorable de la troupe. J'ai lieu d'espérer aussi que la façon de penser de quelques-uns et leurs mauvais propos sont totalement changés, j'apporterai tous mes soins à réprimer ces derniers, si je pouvais en entendre de pareils à ceux dont quelques officiers du corps ont été soupçonnés, et ils ne manqueraient pas d'en être punis très sévèrement.

« J'aurai l'honneur de vous informer des détails de la troupe dès que j'aurai eu le temps d'en être instruit.

« J'ai l'honneur d'être avec un respect infini, Monsieur, votre très humble et très obéissant serviteur.

« A Dixheim le 13 may 1743.

« Le Prince DE BEAUVAU. »

Le comte d'Argenson écrivit en marge de cette lettre : *Répondre et marquer beaucoup de satisfaction de la bonne volonté et bonne discipline du régiment des Gardes lorraines. Lui donner des éloges personnels à ce sujet.*

Les Gardes lorraines passèrent le Rhin pour la première fois le 20 mai 1743. Le premier passage du Rhin, limite de la Gaule, marque une date mémorable dans l'histoire de chacun de nos vieux régiments, c'est à ce titre que nous relatons celui-ci, car notre intention ne saurait être, comme nous l'avons déjà dit, de suivre le régiment pas à pas dans ses campagnes ; après avoir raconté plus en détail ses débuts et profité, pour étudier son personnel, des lettres éparses du prince de Beauvau, nous nous bornerons ensuite à quelques-unes de ses principales journées et ne parlerons tout à l'heure de celle de Dettingen, que parce qu'elle fut la première.

La colonne dont faisaient partie les Gardes lorraines comptait 11 bataillons et 6 escadrons. L'ordre du 19 mai portait :

« .... Les régiments de Béarn, Bigorre, Beaujollais et Gardes lorraines partiront de leur camp avec armes et bagages, le 20 de ce mois, d'assez bonne heure pour arriver au pont de bateaux de Rhinturckheimfahr à 5 heures du matin ; ils y passeront le Rhin immédiatement après le régiment Dauphin, suivis de leurs équipages qui marcheront en file et sans intervalle. Ces quatre régiments feront en sorte d'avoir achevé leur passage du pont à 8 heures, cette heure étant indiquée pour celui du régiment de Condé.... »

L'offensive du maréchal de Noailles et les dispositions habiles qu'il avait prises pour acculer à une mauvaise position l'armée ennemie commandée par le roi d'Angleterre en personne[1], échouèrent, comme on sait, à la malheureuse affaire de Dettingen, du 27 juin, par suite de l'initiative indisciplinée du duc de Gramont, commandant les Gardes françaises, dont la troupe ne répara pas la faute de son chef ; 21 officiers de ce régiment se firent tuer sur place pour sauver l'honneur du corps.

Dans son *Histoire des guerres sous Louis XV*, M. le général Pajol a cité de remarquables passages de la lettre du maréchal de Noailles au Roi et de la réponse de Louis XV[2]. Voici d'autres extraits de la première et d'abord cette phrase adoucie du maréchal, sur son neveu, le duc de Gramont, qui plaisait beaucoup au Roi :

« ... Le duc de Gramont, un peu trop inconsidéré dans ses premières dispositions, *quoiqu'il ne commandât pas et qu'il eût des anciens*, a fait des prodiges de valeur et cet événement doit le corriger de la seule chose qui aurait été capable de l'empêcher de devenir un bon général....

« ... Je n'entrerai point dans le détail de ce qui s'est passé sur ce sujet. Ils affligeraient inutilement Votre Majesté et il vaut mieux remettre de l'en informer de vive voix que par écrit. On ne

---

1. « ... Les dispositions du maréchal de Noailles étaient dignes du plus grand capitaine. » (Frédéric II, *Histoire de mon temps*.)

2. T. II, p. 318.

doit attribuer la grande perte des officiers, surtout dans votre régiment des Gardes, qu'à ce qu'il a très mal fait et qu'il s'est jeté dans le Mein sans que rien eût pu l'arrêter [1], après avoir essuyé les décharges des ennemis et étant prêt à les enfoncer....

« ... Les ennemis, Sire, n'ont jamais fait un seul pas en avant. Leur infanterie était serrée et se tenait comme une muraille d'airain, d'où sortait un feu si vif et si suivi, que les plus vieux officiers avouent n'en avoir jamais vu un semblable, et si supérieur au nôtre qu'on ne peut en faire aucune comparaison, ce qui provient de ce que les troupes ne sont ni excercées ni disciplinées comme il conviendrait, et j'aurai quelque jour l'honneur d'en expliquer les raisons à Votre Majesté. »

Les termes de la lettre du maréchal au ministre de la guerre sont plus amers encore.

Dans l'un des récits dus à des officiers particuliers on lit :

.... « Enfin cecy sera nommé comme vous voudrez, un choc, un combat, une bataille ou *une échauffourée,* je serais plus pour ce dernier mot, car il n'y avait plus de commandement, la cavalerie était tous les uns sur les autres, sans distance entre les escadrons ; l'infanterie, à mesure qu'elle arrivait, combattait bataillon par bataillon sans la faire former pour ainsi dire en colonne, peu ou point d'intervalle entre les 'deux lignes, pas seulement six pas. Bref, c'était une confusion générale, peu ou point d'officiers généraux ne se présentaient pour rallier les troupes, excepté M. de Chevreuse, M. de Soubise, M. le duc d'Harcourt et M. de Balincourt et M. de Bevron et quelques autres. Pour le maréchal, il s'est parfaitement présenté partout, quoique le feu ait été si violent que tous ceux qui ont vu Parme, Guastal et Sahay avouent qu'ils n'en avaient jamais vu un pareil. »

Les Gardes lorraines faisaient partie de la seconde ligne et tout porte à croire qu'on n'eut pas le temps de les engager, aussi n'accusent-elles aucune perte. Le chevalier de Beauvau, frère du colonel, nommé enseigne au régiment le 27 mai, l'avait rejoint avant la bataille et devait contribuer plus tard à l'illustrer ; il avait fait lui-

---

1. C'est le cas de rappeler que les *Gardes françaises* expièrent cette sanglante *échauffourée* par le sobriquet de *Canards du Mein,* resté fameux dans l'ancienne armée et qui leur fit mettre bien souvent l'épée à la main.

même à dix-huit ans la campagne de Bohême comme lieutenant réformé à la suite du régiment de la Reine-Cavalerie [1]. Sa lettre de service en qualité d'enseigne de la colonelle étant arrivée le matin même de l'affaire, « il demanda que sa réception fût retardée, joignit de suite les premières troupes qui marchaient aux ennemis, chargea avec elles et en fit autant avec toutes celles qui arrivèrent successivement, de cavalerie ou d'infanterie ».

L'ennemi profita si peu de sa victoire inespérée que le lendemain il recommandait ses blessés à la générosité du maréchal de Noailles; toutefois, la campagne était manquée pour nous. L'ensemble de la situation militaire en Europe nous obligea finalement à revenir défendre l'Alsace et l'armée du Rhin prit ses quartiers d'hiver en France. Les Gardes lorraines rentrèrent à Lunéville le 31 octobre. C'est désormais sur les Alpes et en Italie que l'infanterie lorraine va combattre jusqu'à la fin de la guerre, sauf la campagne faite au siège de Fribourg par Royal-Lorraine. Le régiment des Gardes figurait encore à la vérité le 16 février 1744 sur l'état des troupes d'infanterie affectées à l'armée de l'Alsace pour la rentrée en campagne, mais une modification importante à sa constitution changea cette destination.

Au commencement de 1744, le corps ne comptait toujours qu'un bataillon, on résolut de le porter à deux en lui annexant le régiment du Perche, également d'un seul bataillon et qui, l'année précédente, avait été envoyé de Belle-Isle en Italie. M. de Livry, colonel de ce régiment, était disposé à quitter le service [2]; le roi Stanislas lui remboursa le prix de son régiment, ce qui était dans les usages du temps, et l'ordonnance suivante fut rendue à Versailles le 20 mars 1744 :

---

1. Ce régiment, appartenant à la fille de Stanislas, avait pour mestre de camp lieutenant le marquis de Beauvau, tué au siège d'Ypres, en 1744.

Le prince de Craon, oncle du précédent et père du colonel des Gardes lorraines, avait eu de son mariage avec Anne de Ligniville vingt enfants : un des aînés du chevalier, portant aussi le titre de marquis de Beauvau, était également entré en 1741 aux Gardes lorraines, où il avait obtenu, le 12 octobre de la même année, la compagnie vacante par la mort de M. de Ludre. Il quitta les gardes en passant, le 29 juin 1744, colonel du régiment de Hainaut. C'est ce dernier qui, le 9 janvier précédent, ouvrait le bal avec la princesse Charlotte de Lorraine, abbesse de Remiremont, lors des fêtes données à la cour de Commercy à l'occasion du mariage du prince Charles, devenu à Vienne l'époux de la seconde archiduchesse. Le jeune colonel de Hainaut fut tué l'année suivante à Fontenoy, en tête de son régiment.

2. *Mémoires du duc de Luynes*, t. V.

De par le Roy,

Sa Majesté ayant jugé à propos de faire joindre au régiment d'infanterie du Perche, celui des Gardes de Lorraine pour en former le second bataillon, en conservant audit régiment des Gardes de Lorraine le rang dont jouit actuellement ledit régiment du Perche dans son infanterie, a ordonné et ordonne que le régiment du Perche formera dorénavant le 1er bataillon du régiment des Gardes de Lorraine qui, quoique sous ce titre, marchera au même rang que tient dans son infanterie le régiment du Perche, et que celui des Gardes de Lorraine l'ayant joint en deviendra le second bataillon ; et en conséquence, Sa Majesté mande et ordonne au sieur prince de Beauvau, colonel dudit régiment des Gardes de Lorraine, d'aller prendre le commandement dudit régiment du Perche, qui sera à l'avenir le 1er bataillon dudit régiment des Gardes de Lorraine : entendant que lesdits deux bataillons réunis seront sous l'autorité et le commandement dudit sieur Prince de Beauvau ; que tous les officiers de ces bataillons le reconnaissent pour leur colonel et lui obéissent en tout ce qu'il leur ordonnera pour le service de Sa Majesté, sans y apporter aucune difficulté ; et qu'ils marchent entre eux suivant les dates des commissions, lettres ou brevets qui leur ont été expédiés pour leur conférer les différents grades dont ils sont pourvus dans lesdits régiments du Perche et des Gardes de Lorraine, dérogeant pour cet effet Sa Majesté à toutes ordonnances, règlements et usages contraires à la présente.

Veut aussi Sa Majesté que la compagnie que commande actuellement le sieur comte de Moncam, audit régiment des Gardes de Lorraine, continue à marcher la première immédiatement après celle du colonel dudit régiment, ainsi qu'il a été réglé par l'ordre que Sa Majesté lui en a fait expédier le 1er mai 1740, et qu'il tienne dans ses troupes d'infanterie rang de colonel, suivant la date de sa commission du 1er juillet 1729, en conformité dudit ordre.

Mande et ordonne Sa Majesté à M. le Prince de Conty, général de ses armées en Dauphiné, Provence et Italie, aux gouverneurs et ses lieutenants-généraux en ses provinces et armées, aux inspecteurs généraux de son infanterie, au sieur Berthier de Sauvigny, intendant en Dauphiné et sur les troupes qui composeront ladite armée, aux commissaires de ses guerres et à tous autres sous-officiers qu'il appartiendra de tenir la main en ce qui les concerne, et l'entière exécution et observation de la présente.

Signé : LOUIS.

Et plus bas : M. P. DE VOYER D'ARGENSON.

Le régiment du Perche auquel le roi enlevait ainsi son nom pour lier ses futures destinées à celles des Gardes lorraines, comptait de longs et beaux services de guerre. Il revendiquait l'honneur d'avoir pour origine le régiment piémontais de Carignan créé en 1643 ou 1644, par le prince Thomas de Savoie, qui l'avait formé de ses gardes pour le prince de Carignan, son fils. Donné à Louis XIV par le duc de Savoie après la paix des Pyrénées, le régiment n'était français que depuis cette époque ; le 47ᵉ d'infanterie représente donc aujourd'hui une souche doublement princière. En perdant son nom, Perche ne perdit pas du moins son rang d'ancienneté, il avait alors le 30ᵉ. Le nouveau régiment en profita et les quelques vieux soldats, débris de l'ex-régiment des gardes du duc Léopold, qui avaient repris du service dans les Gardes lorraines à leur formation, n'eurent plus le déplaisir de marcher à la gauche de toute l'infanterie de France[1].

Le prince de Beauvau était à Versailles lors de la préparation de l'ordonnance qui doublait son régiment, il se hâta de rentrer à Lunéville pour préparer son bataillon lorrain à partir et pour prendre lui-même ses dispositions en vue de rejoindre rapidement le nouveau 1ᵉʳ bataillon à l'armée d'Italie, pendant que le second ferait ses étapes. Plusieurs lettres adressées par lui au ministre à cette occasion étant assez instructives, nous demandons au lecteur la permission de l'arrêter un instant sur des questions intéressant le personnel du régiment.

Le Roi de Pologne était personnellement très bon pour ses officiers, il s'en occupait beaucoup et s'inquiétait de les mettre en bonne position avant leur fusion avec les officiers du régiment de Perche

---

1. Le régiment d'infanterie des gardes créé par Léopold avait été licencié à Nancy le jour des cendres de l'année 1737 ; une partie de ses débris entra dans le nouveau régiment d'infanterie lorrain destiné à occuper la petite ville de Falkenstein, non comprise dans la cession des duchés. La duchesse douairière de Lorraine, veuve du bon duc Léopold, n'avait pu se résoudre à quitter la Lorraine où sa régence laissait de si vifs regrets ; après être partie de Lunéville le 5 mars 1737, elle tenait sa cour à Commercy, où elle avait une compagnie de gardes du corps et une compagnie de gardes à pied contenant quelques restes de l'ancienne maison militaire des ducs. Les gendarmes avaient été licenciés, les chevau-légers et les Suisses, d'abord partis pour Bruxelles avec le gros des équipages de la cour de Lorraine, avaient rejoint le duc François à Florence (Lionnois et A. Digot).

Il est surprenant qu'à Nancy, où l'archéologie lorraine, fort en honneur, fait l'objet de savantes recherches et possède un journal et un musée fort intéressants, on ignore actuellement jusqu'à la couleur de l'habit de l'ancien régiment des Gardes. Les troupes à cheval de la maison ducale étaient les unes en rouge et or, les autres en vert, galonné d'argent. Le vert était de longue date une couleur lorraine. Nous serions heureux, en signalant cette absence de renseignements locaux, de provoquer de nouvelles informations.

dont la concurrence serait redoutable. La lieutenance-colonelle et cinq emplois de capitaines étaient à pourvoir depuis quelque temps : le lieutenant-colonel de Rivray et le capitaine de Montu-reux avaient été appelés à commander, l'un le régiment de Royal-Lorraine récemment créé, l'autre un des régiments de la milice lorraine ; les capitaines de Bressey, de Raigecourt, de Rutant et de Mitry avaient offert leur démission à Sa Majesté polonaise. Stanislas désirait particulièrement faire entrer dans les Gardes lorraines, comme capitaine réformé à la suite, l'un des officiers des Cadets, que sa royale bienfaisance faisait élever à Lunéville : M. de Tonnoy ; celui-ci avait d'ailleurs déjà fait les campagnes de 1734 et 1735 comme lieutenant; il consentait à perdre de ses avantages pour faire la campagne et comptait trois frères officiers au service de France. Le Roi inscrivit de sa main au bas du mémoire de proposition :

Ce mémoire est particulièrement recommandé à M. Hulin, pour qu'il le présente à M. le comte d'Argenson, en le priant très instamment de ma part, pour qu'il aye égard à un sujet qui est digne par son mérite de sa protection.

Lunéville, le 19 mars 1744.

STANISLAS ROY.

D'autre part, M. d'Audiffret, major des Gardes lorraines dès leur création et sur qui roulait par conséquent, depuis bientôt quatre ans, tout le détail du service et de l'instruction, sollicitait la lieutenance-colonelle. Cette situation intérieure était néces-saire à indiquer, pour mieux faire comprendre les lettres du colonel que nous tenons à reproduire successivement. Elles prouveront en effet que le jeune prince n'était pas seulement un officier de guerre, d'une valeur brillante, il prenait aussi très au sérieux les autres devoirs d'un chef de corps. Par surcroît, la première de ces lettres a le mérite de trancher la question du premier uniforme jaune des Gardes lorraines, sur lequel nous avions exprimé un doute. Elle est, comme la suivante, adressée au Cte d'Argenson, et tracée de cette belle écriture coulante et bien formée, l'un des traits du caractère de l'auteur.

Lunéville, le 6 août 1741.

Monsieur,

Depuis que j'ai eu l'honneur de prendre congé de vous, M. de Moncan m'a informé des dispositions dans lesquelles vous êtes au sujet du mémoire de nomination qu'il vous présentait de la part de Sa Majesté polonaise ; j'attends les derniers ordres de ce prince pour vous en faire part et pouvoir remplir les emplois vacants.

S. M. a fort à cœur la commission de capitaine réformé pour le sieur de Tonnoy, que j'ai eu l'honneur de vous demander de sa part et pour laquelle j'ai laissé un mémoire au bureau. Il est vrai que cette grâce ne s'accorde guère à des Français, il y en a cependant des exemples et celui-ci n'en ferait pas un mauvais, puisque le sujet serait pourvu d'une compagnie quand elle vaquerait.

J'ai fait à Sa Majesté des représentations très instantes au sujet de l'habillement du régiment des Gardes de Lorraine, son intention est qu'il continue à être habillé de jaune, qu'on attende la fin de l'habillement du Régiment de Perche pour lui faire prendre cette couleur et qu'en attendant ces deux bataillons servissent tels qu'ils sont. J'ai cru devoir vous en informer, en attendant que j'aie vu par moi-même où en est le Régiment de Perche pour son habillement et quels sont les moyens les plus prompts de le rendre uniforme à celui qui porte actuellement le jaune. Dès que j'aurai reçu l'ordonnance qui unit les deux régiments en un même corps, je ne perdrai pas un moment pour me rendre au 1er bataillon.

J'ai l'honneur d'être, avec un respect infini, Monsieur, etc.

Le Prince DE BEAUVAU.

Lunéville, le 9 avril 1744.

Monsieur, en arrivant ici, j'ai trouvé entre les mains de Sa Majesté polonaise les démissions que tous les officiers, dont vous verrez les noms sur le mémoire ci-joint, lui ont remis depuis longtemps ; Sa Majesté me charge de vous faire faire attention, que les droits des officiers du Régiment de Perche aux emplois de celui des Gardes de Lorraine ne peuvent être ouverts que du jour de l'ordonnance qui réunit ces deux bataillons en un même corps ; la justesse de cette observation ne se trouve point du tout contrariée par les mérites de ceux que S. M. propose aux compagnies, ils sont tous très bons officiers, fort appliqués, ont fait beaucoup de recrues et très bien tenu les compagnies auxquelles ils étaient attachés.

Le Roy de Pologne m'ordonne expressément de vous recommander ces nominations, qui seront les dernières faites en faveur du bataillon ancien des Gardes de Lorraine. S. M. compte avoir égard aux prétentions des officiers de Perche, du jour de l'ordonnance d'union et j'aurai un soin très particulier de lui représenter tout ce qui sera dû à ce corps, qui devient le 1er bataillon des Gardes de Lorraine.

J'ai reçu hier l'ordonnance qui constate l'incorporation de ces deux régiments, je l'attendais depuis longtemps pour me rendre à celui de Perche, où je serai rendu dans dix jours.

J'ai reçu aussi l'avis pour la gratification des deux officiers du régiment qui ont été employés à discipliner les déserteurs de Strasbourg.

J'ai l'honneur, etc.

Le Prince DE BEAUVAU.

Le prompt départ du colonel des Gardes lorraines et de son frère le chevalier de Beauvau leur permit de rejoindre l'armée dès l'entrée en campagne ; ils assistèrent à l'attaque meurtrière des retranchements de Montalban le 20 avril et aux opérations qui suivirent dans le comté de Nice [1].

Quant au bataillon partant de Lunéville, nous avons longuement, et inutilement jusqu'ici, cherché le jour précis de sa jonction effective avec Perche, car une semblable date méritait d'être inscrite dans l'histoire du corps. Il est possible toutefois d'indiquer approximativement l'époque de cet événement régimentaire et l'on va voir que, contrairement à l'opinion émise à première vue par M. le général Susane, il ne put se produire avant la fin de l'été.

Les contrôles nous apprennent que le 1er avril, les vieux sergents choisis en 1740, dans les compagnies de bas officiers, pour constituer les premiers cadres subalternes et devenus trop âgés pour aller guerroyer sur les Alpes, furent reversés dans ces mêmes compagnies reprenant le service près du roi Stanislas. Rajeuni par cette opération, le bataillon quitta Lunéville sous les ordres du major d'Audiffret qui, de Neufchâteau, écrivait au ministre le 12 avril :

Monseigneur, en vertu des ordres du Roy et de Sa Majesté polonaise, le régiment des Gardes de Lorraine est parti le 10 du courant pour se rendre à Tarascon le 9e du mois prochain. Il ne m'en est revenu jusqu'ici aucune plainte ; j'aurai l'honneur de vous informer de tout ce qui se passera de particulier pendant la route.

Vous m'avez fait l'honneur de promettre avant mon départ de Versailles, Monseigneur, que le mémoire du Roy de Pologne pour la lieutenance-colonelle du régiment vacante depuis trois mois aurait son effet en ma faveur, M. le prince de Beauvau et M. de Moncan m'ont assuré aussi que vous le leur aurez promis. Il y a trois mois, Monseigneur, que je devrais

---

1. Chronologie historique de Pinard.

être pourvu de cet emploi pour lequel j'ai sacrifié le rang que j'avais dans le régiment de la Couronne ; jusqu'ici il n'est revenu aucune plainte de la façon dont le régiment a été dressé, il me serait bien désagréable, Monseigneur, de joindre le régiment de Perche pour y perdre le rang que j'ai gagné et de voir que M. de Rivray et de Mareil, moins anciens officiers que moi, sont élevés aux premiers grades militaires dans le temps que je reviendrais pire que je n'ai été. Je vous supplie encore, Monseigneur, de vouloir bien faire attention que je ne demande pas un emploi vacant depuis l'ordonnance de jonction rendue, mais bien longtemps avant, etc.

Le ministre ne fit pas la sourde oreille et nomma M. d'Audiffret, en antidatant du 5 février sa nomination.

On voit que même en ce temps-là, où tant d'officiers de la petite noblesse restaient toute leur vie au service sans dépasser le grade de capitaine, les grades supérieurs n'étaient pas disputés moins ardemment qu'aujourd'hui.

Après avoir montré pour la première fois aux provinces qu'il traversait, son uniforme et ses drapeaux d'ordonnance jaune et noir encore inconnus, le 2ᵉ bataillon des Gardes arriva en Dauphiné vers le commencement de mai [1], mais il dut d'abord y être maintenu pour une cause qu'il ne prévoyait guère en partant. Le comte de Marcieu, commandant dans cette province, écrivait de Grenoble le 16 mai au ministre de la guerre :

J'ai l'honneur de vous envoyer ci-joint copie de trois lettres que je reçois de Nions, ville des Baronnies, où les mouvements des religionnaires se manifestent trop publiquement et pour commencer à les dissiper et à leur en imposer, je vais y faire marcher deux compagnies, des cinq du régiment des Gardes lorraines qui sont à Die, pendant que le parlement de son côté procédera contre quelqu'un des plus mutins.

Or, dès le 20 mars précédent, Perche, compris dans les ordres de concentration des troupes hivernant en Dauphiné, arrivait, des environs de Die, à Vence, non loin du Var, et le 26 il était à Saint-Jeannet, tout près de ce petit fleuve frontière que l'armée franco-espagnole traversa le 1ᵉʳ avril. Même après l'arrivée à l'armée de son nouveau colonel, Perche semble, d'après la correspondance

---

1. « Nous avons actuellement en Dauphiné, 5 bataillons de troupes réglées et 7 bataillons de milice. Les deux bataillons du régiment de Conti et le second des Gardes lorraines sont destinés à joindre l'armée, dès qu'il en sera besoin. » (Conti à d'Argenson, 2 mai.)

militaire, avoir combattu quelques jours encore avec son ancien nom, de même que sous ses vieux drapeaux [1]. A l'attaque de Montalban, entre Nice et Villefranche, il faisait partie de la colonne de Castellar, forte de 10 bataillons espagnols et de 4 bataillons français, et eut un sergent tué, 24 soldats et 4 officiers blessés : les capitaines de la Morensane, Montdessein (mort de ses blessures), de Beauvais et le lieutenant de Rignac.

« Cette opération, écrivait alors un officier distingué, M. de Bourcet, est de la nature de celles qu'il ne faut entreprendre qu'une fois, quoiqu'elle ait réussi, parce qu'elle nous coûte cher. »

On sait que cette année-là, l'offensive par le littoral préconisée par les Espagnols, fut finalement abandonnée pour redéboucher par le Dauphiné. Le 20 juin, M. de Chauvelin, major général de l'infanterie, en adressant de suite au ministre le tableau de marche de l'armée, annonçait que le 2ᵉ bataillon des Gardes de Lorraine, encore en Dauphiné, joindrait la colonne partant d'Utello le 29 juin et comprenant le 1ᵉʳ bataillon, pendant la marche de cette colonne ; toutefois ce 2ᵉ bataillon ne se mit en mouvement qu'environ deux mois plus tard. Le prince de Conti avait déjà passé les Alpes au col de l'Argentière le 13 juillet et enlevé le 18, dans une double attaque, la position *des Barricades*, lorsqu'au camp de Sambuco il donna l'ordre, le 24 du même mois, de rassembler les quartiers du 2ᵉ bataillon des gardes et de le faire partir pour Guillestre. M. de Marcieu rendit compte qu'en exécution de cet ordre, le bataillon partirait le 12 août et arriverait à Guillestre le 18 du même mois.

Pendant ce temps, le 1ᵉʳ bataillon (ancien Perche) avait suivi le mouvement général de l'armée de Conti, où il faisait brigade avec Quercy et Gâtinois, de sorte que le 18 août il se trouvait en avant de Demonte qui s'était rendu le 17. Le 30 août cette armée s'établissait devant Coni, sa droite à la Madona del Ulmo, à un quart de lieue de la place et dans la nuit du 12 au 13 septembre la tranchée était ouverte.

---

1. Perche avait alors trois drapeaux, dont un blanc colonel et deux d'ordonnance à quartiers rouges et blanc, par opposition, dans les coins de la grande croix blanche. Son dernier uniforme était : justaucorps gris blanc, parements rouges, boutons d'étain plats, poches en long et chapeau bordé d'argent.

Le lendemain 14, M. le chevalier de Bar, capitaine aux Gardes lorraines, qui commandait un détachement de travailleurs aux batteries, fut emporté par un boulet, le régiment eut un autre officier et 3 soldats blessés. Les 15 et 22 septembre, les Gardes lorraines sont citées parmi les troupes de tranchées, mais rien ne permet de constater l'arrivée du 2ᵉ bataillon, qui cependant paraîtrait assez vraisemblable, devant Coni.

C'était, d'ailleurs, le 1ᵉʳ septembre seulement qu'une ordonnance royale avait réglé les dispositions à prendre à l'intérieur du régiment, pour éviter toute difficulté entre deux corps si différents appelés à former un même tout. Voici cette ordonnance, grâce à laquelle on ne revit point une seconde fois deux drapeaux blancs colonels dans le régiment comme au temps où Perche était encore Carignan-Sallières [1].

Ordonnance du Roy pour conserver l'état-major du régiment des Gardes de Lorraine, supprimer celui du régiment du Perche, faire passer le drapeau blanc à la compagnie colonelle de ce régiment qui gardera seule ce titre et régler le rang des autres compagnies.

Du 1ᵉʳ septembre 1744.

De par le Roy,

Sa Majesté ayant par son ordonnance du 10 mars dernier fait joindre le régiment d'infanterie du Perche à celui des Gardes de Lorraine pour en former le 1ᵉʳ bataillon et tenir entre ceux de son infanterie le même rang que celui du Perche, a jugé à propos d'expliquer son intention par la présente sur l'ordre dans lequel marcheront dorénavant les compagnies qui composent les deux bataillons de ce régiment, et en conséquence elle a ordonné et ordonne :

Art. 1ᵉʳ. — La compagnie colonelle du régiment du Perche *conservera seule* ce titre avec le drapeau blanc, celle qui était cy-devant la colonelle du régiment des Gardes de Lorraine ne l'aura plus doresnavant ny le drapeau blanc et deviendra compagnie factionnaire pour prendre entre les autres compagnies du régiment le rang qui lui appartiendra.

Art. 2. — La compagnie commandée par le sieur Dandiffret, lieutenant-colonel en pied du régiment des Gardes de Lorraine, en conservera le rang dû à son grade et les appointements réglés par l'article 5 de l'ordonnance

---

1. Voir l'explication de cette anomalie dans l'ouvrage de M. le général Susane, t. V de la 1ʳᵉ édition, pages 239 et 241.

du 15 may 1740 concernant le traitement de ce régiment. *Cette compagnie passera au 1er bataillon* où elle marchera *après* celle du sieur de Casteron, lieutenant-colonel dudit régiment du Perche, de même que la compagnie de Moncan du régiment des Gardes de Lorraine, en conformité de l'ordonnance du 20 mars dernier *marche après la colonelle*, mais ladite compagnie Daudiffret venant à vacquer, deviendra compagnie factionnaire au rang qui lui sera escheu.

Art. 3. — Veut Sa Majesté que le plus ancien capitaine soit pourvu du commandement du 2e bataillon de ce régiment et que sa compagnie y passe à la tête.

Art. 4. — Ordonne en conséquence Sa Majesté que l'estat-major du régiment du Perche sera supprimé et que celuy qui est au régiment des Gardes de Lorraine sera conservé sur le même pied qu'il existe actuellement en conformité de ce qui est porté par l'ordonnance de création de ce régiment et payé ainsi qu'il est réglé par l'article 5 de l'ordonnance du 15 may 1740.

Art. 5. — Entend Sa Majesté qu'à l'exception des compagnies ci-dessus désignées, toutes les autres qui composent les deux bataillons de ce régiment passent à leur tour du second bataillon au premier de celuy-cy, au second pour y prendre le rang qui leur appartiendra, conformément aux ordonnances et usages pratiqués dans l'infanterie.

Mande et ordonne Sa Majesté à M. le prince de Conty, général de ses armées en Dauphiné, Provence et Italie, aux gouverneurs et ses lieutenants-généraux en sesdites provinces et armées, aux inspecteurs généraux de son infanterie, aux intendants en sesdites provinces et armées, aux commissaires de ses guerres et à tous autres ses officiers qu'il appartiendra de tenir la main, en ce qui les concerne, à l'entière exécution et observation de la présente.

Fait à Metz, le 1er septembre 1744.

Signé : LOUIS.

Et plus bas :

M. S. DE VOYER D'ARGENSON.

On voit que cette ordonnance prescrivait sagement le tiercement immédiat des compagnies, de façon à mélanger dans chaque bataillon celles des deux provenances. Les trois premières compagnies du bataillon lorrain étaient à l'origine : la compagnie colonelle du prince de Beauvau, la compagnie colonelle du comte de Moncan et la compagnie lieutenante-colonelle. Ces trois compagnies passèrent au 1er bataillon où il y eut temporairement deux compagnies lieutenantes-colonelles.

Les contrôles des deux premiers bataillons établis à Vienne le 25 mars 1748 (il y en avait alors un troisième) montrent quelle fut, après la fusion, la répartition, par bataillon, des 34 compagnies. A cette date, les deux compagnies colonelles appartenaient au prince de Beauvau et à son frère ; elles sont composées presque en totalité de soldats lorrains.

Ce travail de réorganisation s'opéra-t-il devant Coni ou seulement après la rentrée en France, pendant les quartiers d'hiver, comme la transformation de l'uniforme des anciennes compagnies de Perche ? C'est ce que nous n'avons pu découvrir et plus d'un lecteur trouvera peut-être ces détails trop minutieux. A ceux-là, nous demandons de vouloir bien tenir compte du but tout spécial de la présente étude, qui nous faisait un devoir de rechercher tous les traits de la physionomie du régiment.

Le Roi de Sardaigne avait tenté de délivrer Coni en attaquant le 30 septembre l'armée franco-espagnole ; les pertes du régiment qui était en seconde ligne se réduisaient à 2 officiers blessés, le capitaine de la Villate et le lieutenant de la Cabane, 7 soldats tués et 7 blessés. L'ennemi repoussé perdit 6,000 hommes. Cependant la mauvaise saison approchait, les Espagnols demandaient la levée de siège ; elle eut lieu le 22 octobre ; l'armée battit en retraite et, après avoir fait sauter le 14 novembre le fort de Demonte, elle repassa les Alpes à l'Argentière, le surlendemain.

Après la campagne de 1744, les troupes françaises se disloquèrent le 26 novembre pour cantonner en Dauphiné ; elles étendirent leurs quartiers d'hiver jusqu'en Provence, les deux bataillons des Gardes lorraines furent, cette fois incontestablement, réunis à Aix.

Le prince de Beauvau se rendit à la cour en décembre ; il avait étudié le personnel de ses deux bataillons, et avait vu à l'œuvre les officiers du régiment du Perche ; les archives de la Guerre possèdent une note de sa main que nous croyons devoir placer ici, malgré sa longueur et à titre exceptionnel, parce qu'elle donne un curieux échantillon de la composition des cadres à cette époque. Peut-être aussi quelques-uns de nos colonels actuels ne seront ils pas fâchés de voir comment, il y a cent cinquante ans, un de leurs plus brillants prédécesseurs traitait la question de l'avancement de son régiment au bureau de la guerre à Versailles.

GARDES DE LORRAINE.　　　　　　　Versailles, ce 27 décembre 1744.
　Grâces.

Je joins icy, Monsieur, mes sentiments sur les changements dont le régiment des Gardes de Lorraine me paraît avoir besoin et qui sont d'autant plus nécessaires et pressants que l'on ne peut être en repos sur la conduite de ces deux bataillons, nouvellement réunis, tant qu'ils ne seront pas sous les ordres d'un homme ferme, intelligent et qui ne les perde point de vue.

M. de C.[1], lieutenant-colonel depuis 15 ans, en a 56 de service et plus de 70 d'âge ; il serait encore en état de servir de corps, mais son humeur inquiète et sa déraison ne permettent pas qu'on le laisse un moment de plus à la tête d'un corps où il ne fait que soutenir de vieux abus. M. d'Argenson ne jugeant pas à propos d'accorder le grade de brigadier à son ancienneté, je crois qu'il faudrait lui accorder une pension assez forte qui jointe à ce qu'il tirera du régiment le détermine à quitter.

M. de Chabrol, major, est âgé de 86 ans et sert depuis 58 ans, avec une distinction et une assiduité qui méritent beaucoup et, dans cette nouvelle union, c'est pour la seconde fois qu'il se voit privé de la lieutenance colonelle, M. de C. n'ayant gagné de rang sur lui que pour être resté tranquille au second bataillon qu'on donna au régiment de Perche[2] pendant que le premier faisait la guerre en Italie avec M. de Chabrol qui conserve encore du bon sens et une parfaite connaissance de son métier, mais il est tellement affaibli par l'âge qu'il n'en peut faire aucune fonction ; il est si vieux que la cour ne courrait aucun risque à lui accorder des appointements chez luy ; cependant M. d'Argenson y répugne, craignant les conséquences ; on ne peut s'empêcher, à ce qu'il me semble, de lui faire le parti d'un lieutenant-colonel.

M. de F., capitaine des grenadiers, sert depuis bien longtemps, mais son âge, sa pesanteur et la goutte, qu'il a très fréquemment, l'ont mis hors d'état presque toute la campagne de faire son service et moi par conséquent de le connaître, je sais seulement qu'il n'est pas aimé au régiment et qu'il tient fort mal sa compagnie ; il est d'ailleurs en état d'être placé s'il se présente quelque chose. C'est donc M. Du Lacq, actuellement premier factionnaire et dont on vous a fait l'éloge de toutes parts, que je

---

1. En règle générale, toutes les fois que les notes contenues par exception dans les documents reproduits ici contiennent quelque chose de désobligeant pour l'officier noté, nous remplaçons son nom par une simple initiale, indication assez peu transparente lorsqu'il s'agit d'une époque déjà ancienne.
2. En 1734.

voudrais pousser au commandement du second bataillon, qui luy donnerait en même temps celui du corps après la retraite de M. de C., M. d'Audiffret qui doit remplacer ce dernier étant employé en Dauphiné.

Vous avez eu la bonté de sentir hier ce que je vous ai représenté pour les 400 ^{tt} de retraite à M. Dumoncel, ainsy il n'y a plus rien à en dire.

Pour ce qui est de la croix de Saint-Louis, MM. de la Vilatte et Destrancourt devraient l'avoir depuis quatre ans et la méritent de toutes façons ; M. de Moret, qui les suit, est aussy dans le cas. Un quatrième, nommé M. L., la demande aussy, mais non seulement il ne faut pas la lui donner, mais même me réprimander moy de ce que je demande une grâce pour un officier qui met actuellement toutes sortes de difficultés et d'aigreur à l'incorporation des deux bataillons[1] ; cet officier est médiocre en toutes façons.

Je finirai par vous rappeler deux grâces que M. le prince de Conty demande pour des officiers du régiment et que M. de Chauvelin doit solliciter en son nom.

L'une est de faire passer à M. de Menou la gratification de 100 écus qui fut envoyée après l'affaire de Montalban pour M. de Montdessein, qui avait été tué raide ; ce M. de Menou, homme de condition, de mérite et pauvre, reçut un coup de fusil au travers du corps et d'une main, à l'affaire de La Chenal ; cette affaire ayant été malheureuse, les blessés n'eurent rien, celui-cy est estropié et sa blessure lui a beaucoup coûté.

L'autre est de donner une commission de lieutenant-colonel à M. Du Lacq qui se distingua à la défense de Gayola et de Borgo[2], où il commandait les grenadiers du régiment. Les officiers qui se sont trouvés à la défense de Borgo ont été récompensés et il paraît d'autant plus susceptible de cette grâce en devenant commandant du 2ᵉ bataillon, qu'il en fera le service et que c'est lui adoucir le tort que lui a fait M. d'Audiffret. D'ailleurs je ne puis vous dire assez de bien de tous les autres officiers de ce régiment et ce sera absolument ma faute si dans un an il ne devient pas un des plus distingués de tous ceux qui servent le Roy.

J'oubliais une affaire dont on a déjà parlé cet été à M. d'Argenson qui l'avait trouvée juste, c'est au sujet d'une pension dont jouissait le chevalier de Bar, capitaine au régiment du Perche, qui a été tué au siège de Coni. Cette pension lui avait été accordée pour récompense de n'avoir pas voulu passer en Espagne où le cardinal Albéroni l'appelait et pour l'aider à se soutenir dans le service.

Cette famille de Bar est des plus distinguées du Périgord et dans une extrême pauvreté. Il a laissé un frère au régiment qui a été 25 ans lieutenant et qui, depuis qu'il a une compagnie, s'est très bien conduit à la retraite de Coni, M. le prince de Conty s'est intéressé aussi pour que la pension de son frère lui passât.

---

1. M. L. appartenait au bataillon venu de Lunéville.
2. Rive gauche de la Stura.

Voilà, Monsieur, tout ce qui regarde le régiment que j'ay l'honneur de commander, détaillé un peu au long à la vérité, mais j'ai cru devoir vous mettre une fois devant les yeux ce que j'en pensais pour le bien du service, je vous supplie d'y faire quelqu'attention et de me croire avec l'attachement le plus sincère, Monsieur, votre très humble et très obéissant serviteur.

Le Prince DE BEAUVAU.

Un mémoire de propositions fut établi en conséquence de la note du Prince, les décisions suivantes sont indiquées en marge :

« Faire retirer M. de S. et M. de Chabrol avec chacun 800 [#] « de pension ; même mesure pour M. de F. avec 500 [#]. Donner « commission de lieutenant-colonel à M. Du Lacq, quand les re- « traites ci-dessus auront lieu. »

M. d'Audiffret avait obtenu la croix de Saint-Louis le 29 février de la même année.

La France et l'Espagne se mirent d'accord pour reprendre en 1745 l'offensive par le littoral, favorisée par la nouvelle attitude de la République de Gênes. Le maréchal de Maillebois remplaça le prince de Conti, l'Infant conservant toujours la haute main sur les deux armées. Nous ne suivrons pas les Gardes lorraines dans la campagne de 1745, un de leurs bataillons faisait partie des 7 bataillons français de la division commandée par M. de Mirepoix qui, après avoir enlevé le Montezemoto, eut la mission assez ingrate de rester à Millesimo couvrant le flanc gauche de l'armée. Cette campagne fut heureuse pour les Gallispans (c'est ainsi que les Italiens nommaient les Franco-Espagnols). D'après la chronologie de Pinard, le prince de Beauvau, autorisé le 25 mars 1745 à accepter la Grandesse d'Espagne, aurait pris part aux opérations de l'armée principale, aux sièges d'Acqui, de Tortone, au combat du Refudo, soit qu'il y assistât seul de sa personne, ou qu'il eût avec lui une portion du régiment, ce dont nous n'avons pas trouvé de trace. Quant à son jeune frère qui était chevalier de Malte, il obtint cette année-là un congé de la Cour et quitta momentanément les Gardes pour aller « faire ses caravanes à Malthe ».

Le début de l'année 1746, année qui devait marquer dans l'histoire des Gardes lorraines, les trouva à Alexandrie dont la citadelle nous résistait toujours. Milan avait été pris par les Espagnols le 15 décembre, mais le traité de Dresde conclu avec la Prusse le 25 du même mois venait de permettre à Marie-Thérèse d'envoyer en Italie un renfort de quarante mille hommes de vieilles troupes. Le chevalier de Beauvau [1], rentré en France, rejoignit le régiment pour en prendre le commandement effectif, en vertu d'un ordre du Roi du 26 février 1746 ; le prince son frère aîné resta le colonel en titre, mais fut dorénavant appelé à des commandements plus importants. Le chevalier étant nommé capitaine de la compagnie colonelle devenue vacante par la démission du Cte de Moncan, l'ordre du Roi portait : « La compagnie dont est pourvu M. le chevalier de Beauvau marchera la première dans le régiment après celle du colonel ; l'intention du Roi est qu'il commande ledit régiment, ainsi que le faisait le sieur de Moncan, sous l'autorité du colonel en pied d'ycelui, avec les mêmes honneurs et prérogatives dont doit jouir ledit colonel et généralement les mêmes fonctions que s'il était réellement pourvu de la charge dudit régiment [2]. »

Les deux bataillons des Gardes lorraines partirent d'Alexandrie le 5 mars pour rejoindre le maréchal de Maillebois sorti par alerte à la nouvelle de l'approche de l'ennemi. Le 19 mars elles étaient à Pozzol-Formigaro avec le régiment d'Agenois ; elles comptaient ce jour-là 952 hommes faisant réellement le service dans les compagnies.

Lors des opérations entreprises par le maréchal de Maillebois

---

1. Les archives possèdent deux lettres du prince de Beauvau au ministre pour obtenir cette faveur à son jeune frère ; dans la première il fait valoir qu'à Fontenoy, un autre de ses frères a perdu la vie et le prix de son régiment, la seconde datée d'Alexandrie, 26 janvier 1746, se termine ainsi : « La bonté qu'a Sa Majesté polonaise de « donner son suffrage au chevalier de Beauvau m'engage à avoir l'honneur de vous « faire part de sa lettre, en vous priant de vouloir bien faire attention à tout ce que « ce frère a fait depuis la guerre pour mériter les grâces du Roi et que n'ayant contre « lui que des défauts personnels dont il commence même à se corriger, la place que je « vous supplie de lui accorder se trouve toute établie au régiment, qu'il y sert de- « puis quatre ans et que je réponds en entier de sa conduite. »

2. C'est sans doute à cette occasion que le prince de Beauvau envoya la réclamation suivante aux bureaux de la guerre : « Le prince de Beauvau fait bien ses compliments à M. de Fumeron et le prie de remarquer qu'en vertu du titre de cousin dont le Roy a honoré la branche du prince de Beauvau, le chevalier de Beauvau, son frère doit en jouir dans toutes lettres, brevets, etc. Il espère donc, en conséquence, qu'il voudra bien faire rectifier la lettre de service ci-jointe.

Le bureau vérifia et inscrivit en note : M. le chevalier de Beauvau doit être traité de cousin.

pour secourir Valenza assiégée, le prince de Beauvau, précédant l'avant-garde commandée par Chevert, « attaqua le 2 mai avec 500 grenadiers le pont de Casal-Bajano[1], qu'il emporta après un combat d'une heure et demie ; il fut blessé à cette action, en considération de laquelle le Roi le nomma brigadier par brevet du 16 du même mois ».

Il semble piquant de joindre à cet extrait de la chronologie de Pinard la lettre adressée au ministre, après l'affaire, par le jeune prince. Le futur académicien savait écrire, l'aisance et le ton de déférence hautaine de cette demande d'avancement dessinent bien ce joli type d'officier grand seigneur.

Monsieur,

La conduite et les succès d'un détachement que j'avais l'honneur de commander ont mis M. le maréchal de Maillebois dans des dispositions si favorables pour moy, qu'il veut bien aujourd'huy les faire valoir près de vous et vous engager, Monsieur, à rendre les bontés dont il m'honore utiles à mon avancement. Le grade de brigadier lui ayant paru tout ce qui pouvait me flatter davantage, je lui ai représenté que plusieurs colonels moins anciens que moi l'ayant obtenu avant moi[2], je ne pouvais jamais regarder comme une grâce, ce qui ne me rendais pas les avantages que j'avais sur eux en commençant à servir et je suis convenu avec lui de mon extrême sensibilité sur les promotions qui se sont faites à mon préjudice ; mais comme l'intention du Roy paraît être de récompenser les actions particulières, j'attends de vos bontés pour moi, Monsieur, de vouloir bien peser le compte que M. le maréchal de Maillebois rend de moi, avec ce qui a pu prouver des préférences à dix ou douze personnes depuis que je sers. Vous m'avez flatté de réparer dans l'occasion le tort qu'elles me font, avant même que je pris la liberté de vous le représenter. J'espère donc que vous ne désapprouverez pas aujourd'hui, que d'être remis à mon rang soit l'objet le plus intéressant de mes représentations et de la faveur que M. le maréchal veut bien m'accorder. Ma confiance en ses bontés et les marques distinguées que j'ai déjà *reçu* des vôtres, ne me laissent à désirer que d'en mériter la continuation par mon zèle pour le service et

---

1. Casal-Bagliano, sur le Tanaro, en amont d'Alexandrie.

2. Déjà le 22 octobre, à la suite d'une première proposition faite en sa faveur par le prince de Conti et qui n'avait pas abouti, le prince de Beauvau avait adressé au ministre une réclamation. Le motif de cette proposition était qu'il avait avec un détachement de 2,000 hommes, repris les hauteurs de Valoria qu'on avait négligé d'occuper (7 août 1744).

par les sentiments de reconnaissance et de respect infini avec lequel j'ai l'honneur d'être, Monsieur, votre très humble et très obéissant serviteur, Castel de Bormida, le 3 may 1746.

Le Prince DE BEAUVAU.

Dès le 16 mai le Roi accordait au colonel des Gardes lorraines le grade de brigadier d'infanterie qu'il réclamait ainsi et le ministre, alors au siège de Malines, n'oubliait pas d'écrire au Roi Stanislas :

Sire, je viens de rendre compte au Roy de la façon distinguée avec laquelle M. le Prince de Beauvau a toujours servi et particulièrement à l'attaque de Cazal-Baiano ; Sa Majesté pour lui en marquer sa satisfaction a bien voulu lui accorder le grade de brigadier.

J'ay l'honneur d'en informer Votre Majesté et d'être avec un très profond respect de Votre Majesté, le très humble et très obéissant serviteur.

Les Franco-Espagnols furent moins heureux en 1746 que l'année précédente, le maréchal de Maillebois ne parvint pas à s'entendre avec l'Infant mené par son entourage. La bataille de Plaisance livrée dans des conditions imposées par la suprématie espagnole nous força d'abandonner les riches plaines du Pô, que les bataillons français ne devaient plus revoir que cinquante ans plus tard avec le général Bonaparte. Le régiment y fit des pertes sérieuses, mais, comme on le verra, les Autrichiens les lui payèrent chèrement au combat du Tidon, où l'armée dut en grande partie son salut au dévouement des Gardes lorraines. Des extraits de la correspondance militaire du temps suffiront à remplacer ici un résumé de cette campagne.

La bataille de Plaisance se livra le 16 juin; le 28 le comte de Maillebois écrivait, en chiffres, au ministre :

J'ignore, mon cher oncle, si la lettre que j'ai eu l'honneur de vous écrire par duplicata vous est parvenue, et qui m'engage à vous répéter en peu de mots que nous sommes arrivés ici le 15, que nous avons attaqué les ennemis le 16, que nous avons été battus par bien des raisons, dont la pesanteur de M. de Gages, la mollesse des troupes, l'inertie des officiers généraux espagnols et français sont les principales ...

Le rapport adressé par le maréchal de Maillebois au ministre le 26 juin n'était pas moins catégorique.

... Les dispositions furent faites dans la journée du 15 et à l'entrée de la nuit les colonnes françaises commencèrent à déboucher sur les postes avancés des ennemis qu'elles poussèrent et plièrent pendant toute la nuit, de sorte qu'au point du jour ces colonnes se trouvèrent en marche, les unes avec les autres et sur les points qui leur avaient été indiqués, ayant chassé les ennemis de tous les postes et cassines retranchées qu'ils avaient au delà du Refudo et replié les divers camps de cavalerie qui étaient au delà du Naville.'

Dans ce moment, la colonne espagnole aux ordres de M. Darembures, composées des Gardes espagnoles et de la brigade de la Couronne, attaqua avec une vigueur incroyable la cassine de Saint Dominique qui appuie la gauche des ennemis et qui était farcie d'infanterie et de 15 pièces de canon.

M. le Maréchal voyant la colonne espagnole engagée, passa le Refudo en bataille, les trois colonnes françaises pour soutenir celle des Espagnols qui était engagée, et à peine avait-il achevé de se former que la colonne des Gardes Espagnoles fut repliée par la violence du feu qui sortait de la cassine et par la cavalerie ennemie. Notre infanterie soutint pendant quelque temps l'affaire, mais le désordre ne tarda pas à s'y mettre.

M. le Maréchal à la tête des dragons à pied et de la brigade de Poitou fit ce qu'il put et fit avancer M. de Volvire qui, avec 200 carabiniers, arrêta l'impétuosité de quelques escadrons ennemis, qui avaient déterminé la déroute de la cavalerie espagnole, mais un corps de hussards s'étant porté sur le flanc droit de notre ligne, augmenta le désordre au point que la déroute fut bientôt générale. M. le Maréchal prit lui-même un drapeau et se porta en avant de la ligne pour ramener les troupes à la charge, mais inutilement ; la cavalerie et les hussards précipitèrent la fuite de la ligne d'infanterie et il eut bien de la peine à se retirer au delà du Refudo et du Rio Commun que l'armée passa en désordre. Ce fut derrière ce Naville que M. le Maréchal et tous ses officiers généraux et de l'état-major parvinrent à rallier les troupes... L'Infant envoya l'ordre à M. le Maréchal de se retirer.

Les Gardes lorraines eurent 8 capitaines et 3 lieutenants blessés, 75 soldats tués et 107 blessés ; le capitaine Bertinet et le lieutenant La Casane avaient reçu des coups de sabre sur la tête.

Les pertes du régiment à la journée du Tidon, le 10 août suivant, furent plus considérables encore, mais les Gardes tracèrent là de leur sang, une des pages les plus glorieuses de leur histoire. Le régiment y était commandé par son colonel en second, le jeune

chevalier de Beauvau qui, fier de ses soldats, écrivit directement
au ministre, de Voghera le 13 août :

« Je me crois engagé d'avoir l'honneur de vous rendre compte de
l'affaire qui vient de se passer le 10, par celui que j'avais l'honneur d'y commander le régiment et la brigade des Gardes Lorraines, la perte de l'un et de l'autre a été extrêmement considérable ; le régiment s'y est conduit avec un courage et une discipline
qui lui ont mérité l'approbation des officiers généraux qui en ont
été témoins et qui me font espérer que vous voudrez bien, Monsieur, le faire valoir auprès du Roy ; j'attends cette grâce de votre
justice et de vos bontés et celle de croire que j'ai l'honneur d'être
avec un respect infini, Monsieur, votre très humble et très obéissant serviteur.

« Le Chevalier DE BEAUVAU. »

Annotation du ministre : *Accuser la R. M. le maréchal, dans la
relation qu'il a envoyée de l'affaire, rend justice à la part que vous y
avez eue. J'en ai rendu compte au Roy et Sa Majesté m'a paru disposée à
vous en marquer sa satisfaction.*

Les archives de la Guerre possèdent un récit de la bataille du
Tidon, écrit par un futur maréchal de France, M. de Senneterre,
alors lieutenant-général et qui avait ce jour-là le régiment sous
ses ordres, ce récit est tellement clair et si animé que le Ministre
en fut frappé et tint à le relire une seconde fois. Nous le repro-
duirons *in extenso*, malgré sa longueur, parce qu'il est fort rare de
trouver à cette époque une description aussi complète et aussi vi-
vante d'un combat d'infanterie et que justement celle-ci met bien
en lumière la bravoure opiniâtre des Gardes lorraines.

Ce n'est point ici le lieu d'exposer les circonstances générales
qui, déterminant l'Infant à suivre enfin l'avis de M. de Maillebois,
amenèrent la retraite des Franco-Espagnols et le combat du Tidon
livré par les Autrichiens pour leur barrer la route. Bornons-nous
à rappeler que les Austro-Sardes ayant une armée sur chaque rive
du Pô, les armées de France et d'Espagne concentrées à Orio, au
sud de Lodi, étaient menacées d'être enfermées entre l'Adda et le

Lambro et coupées de leurs communications. Dans la journée du 9 août, elles avaient réussi à traverser le Pô, près de l'embouchure du Lambro, entre les deux armées ennemies. Le lendemain 10, nous passâmes le Tidone de bonne heure avec le dessein de battre rapidement en retraite sur Tortone, en suivant la route de Plaisance à Alexandrie, lorsque nos colonnes furent attaquées par le général Botta, commandant l'armée ennemie sur la rive droite du Pô[2].

L'ordre de l'armée du 9 au 10 août 1746 débutait ainsi :

La *diane*, qu'on battra au petit point du jour, servira de *générale ; l'assemblée* une demi-heure après.

A l'assemblée on se mettra en bataille, et en marche tout de suite.

... Les troupes françaises marcheront, savoir : l'infanterie et les dragons par leur droite et la cavalerie par sa gauche, comme elles sont campées, la brigade des Gardes Lorraines ayant la tête. M. de Senneterre conduira cette colonne et tous les autres officiers généraux marcheront à leurs divisions, cette marche devant se faire très en règle étant près de l'ennemi...

Avant d'écouter le récit de M. de Senneterre, il est bon de lire encore les premières lignes de la relation envoyée au Ministre par le maréchal de Maillebois.

L'ordre fut donné pour marcher le 10 à la pointe du jour et comme le général Botta n'avait fait encore aucun mouvement, on dut juger que le

---

1. Quelques mots d'explication semblent nécessaires pour les lecteurs qui n'auraient pas sous les yeux une carte détaillée.

Le Tidone est un affluent de la rive droite du Pô ; coulant en dernier lieu du Sud au Nord, il coupe perpendiculairement, à une douzaine de kilomètres de Plaisance, la route de cette ville à Alexandrie par Castel San Giovanni, Stradella, Voghera et Tortone qui était la route de retraite de l'armée franco-espagnole. Le tracé de cette rivière s'infléchit ensuite vers le Sud-Ouest.

L'armée franco-espagnole, passée sur la rive droite du Pô le 9 août 1746, avait dans la journée du 10 à faire *par le flanc droit* et en dernier lieu *tête de colonne à droite*, les troupes françaises en tête, pour défiler sous la protection d'un corps espagnol qui, sous le commandement de M. de Pignatelly, bordait le Tidone, face à l'armée ennemie de la rive droite du Pô. M. de Senneterre marchait en tête de la colonne avec les Gardes lorraines. En présence de l'attaque des Autrichiens, il déboîta sans hésiter pour soutenir et prolonger la ligne du général espagnol, qui n'avait pas suffisamment étendu sa droite. La résistance opiniâtre opposée ainsi à l'ennemi sur le flanc gauche, puis en queue des colonnes franco-espagnoles, leur donna le temps de s'écouler et c'est à ce rôle que se dévouèrent les Gardes lorraines. L'intérêt du récit que nous reproduisons réside dans les péripéties de ce combat, remarquablement décrit par M. de Senneterre.

tout se réduirait à une affaire d'arrière-garde qui devait rouler sur M. de Pignatelli.

Cependant les ennemis ayant marché dans la nuit à Rottofredo et étant venus le matin reconnaître notre position, ils s'aperçurent que la droite de M. Pignatelli ne touchait pas à la Strada-Romera et qu'en portant leur effort de ce côté, ils pourraient se rendre maîtres de la chaussée et interrompre notre marche sur Castel S. Gioani.

Ce fut dans cette partie que l'attaque commença à 8 heures du matin, lorsque les brigades d'Anjou et des Gardes de Lorraine étaient en pleine marche et au moment de s'allonger sur le grand chemin de Castel S. Gioani. M. le Maréchal, qui se trouva dans ce moment avec l'Infant à Sarmate, envoya M. de Chevert pour porter ses ordres à la ligne et y faire les dispositions convenables. Cet officier joignit d'abord M. de Pignatelli qui, voyant paraître une grosse colonne d'infanterie, fit occuper avec les grenadiers un petit rideau placé dans une anse que forme le Tidon et qui dominait sur l'autre rive.....

Nous laisserons maintenant parler M. de Senneterre[1], bien qu'il reprenne les choses d'un peu plus haut, comme on va le voir.

Au camp sous Tortone, ce 17 août 1746.

Monsieur,

La dernière lettre que j'ai eu l'honneur de vous écrire est du mois de janvier; il était inutile de vous mander que les troupes que je commandais à Casal continuaient d'être sans fourrages, que j'en faisais, par industrie, subsister les équipages dans les communautés de la Colline, ainsi que j'avais pris la liberté de vous en instruire et que je ne les en avais retirés que la veille de l'évacuation de cette ville, que je fis le 6 mars par ordre de M. le maréchal. D'ailleurs n'ayant eu aucune part à tout ce qui s'est passé depuis ce jour-là jusqu'au 16 de juin, je n'ai pas cru devoir vous

---

1. *Jean-Charles de Senneterre*, marquis de Senneterre, était né le 11 novembre 1685 et mourut à Paris le 23 janvier 1771. Il débuta comme lieutenant au régiment de Senneterre-Dragons le 30 mai 1703 et fut créé maréchal de France le 24 février 1757.

Maréchal de camp le 20 février 1734 et ambassadeur auprès du roi de Sardaigne au mois d'avril, il fut employé à l'armée d'Italie et suivit ce souverain à la bataille de Guastalla le 19 septembre.

Lorsque le roi de Sardaigne s'allia avec les ennemis de la France, le marquis de Senneterre revint à Versailles, en octobre 1743. Il servit à l'armée d'Italie depuis le début de la campagne de 1744 jusqu'à la fin de celle de 1746.

En 1747 et 1748, il fut employé en Flandre.

fatiguer de tous les détails que vous appreniez régulièrement par M. le maréchal ; mais à présent que la communication de l'armée avec Gênes est heureusement rétablie, j'obéis, Monsieur, à ce que vous m'avez recommandé en partant, de vous informer des choses que j'aurais exécutées sous les ordres de M. le maréchal.

J'étais de jour le 16 de juin et je ne quittai point sa personne pendant toute la bataille, qui eut les plus heureux commencements auxquels la fin ne répondit pas, tant parce que ses dispositions ne furent pas exactement suivies, que parce que notre cavalerie, dans un pays aussi coupé de navilles et de fossés, ne put arriver à temps. M. le maréchal vous aura instruit du détail de cette journée, aussi je me bornerai à vous dire que dans le désordre de notre infanterie, où sa personne courut le plus grand risque, il se porta à la droite pour la rallier et me chargea de rallier la gauche. Il n'est pas étonnant que cette infanterie qui ne se voyait soutenue de rien, n'ait pas fait ferme derrière le Refudo, quoiqu'elle ne fût plus suivie ; j'y restai avec quelques piquets, mais voyant que, de toutes parts, les soldats se portaient à une grosse cassine derrière moi, j'envoyai M. de Cornillon, M. de Gouy et plusieurs officiers ou aides de camp qui étaient auprès de moi, afin de les rassembler par régiment, ce qui fut fait en moins de demi-heure ; toute la gauche fut remise en colonne et je la conduisis à M. le maréchal, qui avait fait la même manœuvre à la droite. Il me dit que M. d'Argouges allait arriver avec la cavalerie et qu'il fallait donner un nouveau coup de collier. En effet, toute l'infanterie repassa le Refudo et M. le maréchal faisait sa disposition pour attaquer, lorsqu'un aide de camp de M. de Gages vint lui dire que les Espagnols n'ayant pas réussi dans leur attaque à la gauche, S. A. R. les avait fait retirer et qu'il lui en donnait avis, afin qu'il songeât à sa retraite. M. le maréchal m'ordonna de la faire avec M. de Chevert, que je mis à la tête de la colonne et je restai à la queue du régiment de Poitou, qui fit l'arrière-garde de tout. Nous ne fûmes point suivis, je ramenai toute l'infanterie dans son camp.

M. le maréchal vous rend compte, Monsieur, de son passage du Pô le 9 de ce mois, le projet lui en est dû en entier, les Espagnols n'y ont même consenti que la surveille. L'on peut dire sans flatterie que c'est l'une des plus belles manœuvres de guerre qui se soient jamais combinées, audacieuse et telle qu'il convient à la nation; l'exécution y a répondu et si les ordres donnés à M. Pignatelly pour la disposition particulière des 20 bataillons et des 20 escadrons qu'il commandait eussent été suivis à la lettre, le combat du lendemain aux bords du Tidon n'eût pas été si considérable, ni si dangereux pour les suites qu'il pouvait avoir.

Je n'entrerai point dans le détail des dispositions générales pour la marche du 10 de Bosfoné et Verdé à Castel San Giovanni; M. le maréchal et le comte de Maillebois, aux talents duquel on ne peut donner trop d'éloges, ne vous le laissent pas ignorer. Mes ordres étaient de me rendre avec les deux brigades d'infanterie d'Anjou, de 3 bataillons, des Gardes de Lorraine, de 5, et toute la cavalerie française à la grande chaussée appelée la Romea, où M. de Pignatelly devait avoir la droite de son infanterie appuyée vis-à-vis Pontetidone, et de là prendre l'avant-garde pour me rendre à Castel San Giovanni par le grand chemin; mais en arrivant au corps de M. Pignatelly, je le trouvai en bataille et j'entendis à sa droite quelques coups de fusil et de canons portatifs. Je demandai ce que c'était, on me dit que les ennemis paraissaient avec mine de vouloir attaquer les grand'gardes de la droite où M. de Pignatelly était accouru.

Je dis à MM. de Larnage, de Sault et de Vigier de former les deux brigades derrière la ligne des Espagnols et, la croyant appuyée à la Romea, je pris le galop pour voir de quoi il était question; je trouvai en chemin M. Pignatelly qui revenait et qui me dit que les ennemis allaient attaquer sa droite, qu'il y avait apparence qu'ils en feraient autant à sa gauche où il n'avait point d'infanterie, et qu'il me priait d'y envoyer une de mes brigades. Je lui demandai s'il occupait la Romea et Pontetidone, suivant ses ordres; il me dit qu'il n'avait pu s'étendre jusque-là, mais qu'il faisait occuper par des piquets une cassine qui n'en était pas éloignée.

Je l'assurai que les ennemis ne s'amuseraient point à venir passer le Tidon à sa gauche, qu'ils viendraient infailliblement par la grande chaussée et que j'allais y faire avancer mes deux brigades, mais qu'il ne manque pas de m'envoyer du canon.

J'allai au galop à la cassine, je trouvai quatre piquets espagnols au dehors ; je dis à l'officier de se mettre dedans et de la créneler, il répondit qu'il n'avait point d'outils. Il y avait un intervalle de plus de quatre cents pas de la droite des Espagnols à cette cassine, qui se trouvait en l'air ; je poussai par delà jusqu'à la grande chaussée qui en est à cent pas, je vis quelques escadrons espagnols en bataille sur le bord de la chaussée au delà, mais je vis en même temps que les ennemis avaient passé le Tidon et commençaient à déplier leurs colonnes, infanterie et cavalerie. Une avant-garde de grenadiers et de piquets s'était même coulée le long du rideau par leur droite et faisait déjà feu avec les grenadiers espagnols qui étaient en avant. Il n'y avait pas un moment à perdre : si les ennemis avaient gagné la cassine, toute l'infanterie de M. Pignatelly était prise en flanc et en queue ; je fis avancer la brigade des Gardes de Lorraine et je la formai en colonne à gauche de la cassine, vis-à-vis un chemin qui y aboutissait. Cette disposition en potence servait à deux fins en ce qu'elle défendait le chemin et une haie qui se prolongeait à la droite et derrière la cassine, dans laquelle je fis entrer trois piquets avec ordre de s'y défendre jusqu'à la dernière extrémité.

Je mis à la gauche la brigade d'Anjou en bataille sur trois de hauteur bordant une autre haie, mais il restait encore près de deux cents pas d'intervalle entre les Espagnols et moi, car mes deux brigades faisaient à peine dix-huit cents hommes sous les armes, attendu que les compagnies de grenadiers et cinq piquets par brigade en étaient détachés. A joindre la diminution causée par la perte essuyée à la bataille de Plaisance et les maladies occasionnées depuis par le mauvais air des rizières de l'Ambro.

Il était six heures du matin et le feu paraissait déjà assez vif sur le front des Espagnols dont les grenadiers en avant se repliaient sur leurs corps, le projet des ennemis étant de les contenir et de faire effort sur la droite, afin de les déborder. En effet, un demi-quart d'heure après je fus puissamment attaqué, c'est-à-dire par un feu très violent auquel les brigades et la cassine répondirent si bien et si à propos, que les grenadiers ennemis plièrent avec beaucoup de pertes et se mirent derrière des fossés d'où ils continuèrent à fusiller sans discontinuation ; leur canon tirait aussi beaucoup. Enfin quatre pièces espagnoles arrivèrent et quoiqu'elles fussent médiocrement servies, elles ne laissèrent pas de ralentir la marche des colonnes ennemies qui grossissaient à tout moment, se déployaient à mesure et envoyaient toujours des troupes fraîches pour fusiller contre les Espagnols et contre nous.

Il y avait près d'une heure que cette manœuvre durait lorsque la mousqueterie redoubla de partout ; les ennemis débouchèrent en bataille sur la brigade d'Anjou et en colonne sur celle des Gardes de Lorraine par le chemin qui aboutissait à la cassine qu'ils attaquèrent en même temps. MM. de Larnage et de Sault soutinrent ce nouvel effort avec la brigade d'Anjou qui, bien qu'elle perdît beaucoup de monde, conserva sa position et fit encore plier les ennemis ; le premier eut son cheval tué sous lui et le second une contusion au bras. J'étais à la brigade des Gardes de Lorraine avec M. de Vigier et, voyant la colonne ennemie qui venait à nous sans tirer, je pris mon parti et je dis au chevalier de Beauvau qui, dans l'absence de son frère détaché avec M. de la Chetardie, commandait cette brigade, de marcher la baïonnette au bout du fusil dans le chemin et d'attaquer cette colonne avec deux sections de la sienne ; il ne demandait pas mieux et jamais attaque ne fut plus vive ni plus heureuse ; les ennemis se culbutèrent à droite et à gauche dans les fossés, dans les haies et se mirent à fusiller ; c'est leur fort. Le chevalier de Beauvau y fit un officier et quelques soldats prisonniers du régiment de Palfy et vint me rejoindre ; alors je fis border la haie à une partie de sa brigade pour répondre au feu des ennemis qui devenait plus violent que jamais par l'arrivée successive de leurs troupes. Les piquets dedans et autour de la cassine où j'appuyais avaient fait leur devoir, les ennemis en étaient repoussés. Tout cela s'exécuta en même temps.

Cependant les escadrons espagnols qui étaient sur ma droite en deçà de la grande chaussée, furent attaqués par la cavalerie des ennemis qu'ils repoussèrent d'abord avec supériorité, mais étant survenu de l'infanterie, j'entendis de ce côté-là un grand feu de mousqueterie et de canon et quelque temps après je vis revenir la cavalerie espagnole qui se mit en bataille à côté de moi, un peu en arrière ; je jugeai alors que j'allais être tourné par ma droite et écrasé, mais c'était un coup de partie de tenir ferme où j'étais, tant pour donner le temps à la colonne de M. de Gages, à la division de M. de la Chetardie et aux troupes qu'amenait M. de Castellar d'arriver, que pour empêcher les ennemis de marcher en force sur Castel San Giovanni par le grand chemin de la Romea, où ils seraient peut-être arrivés plus tôt que l'Infant et M. le duc de Modène. J'envoyai dire à M. Pignatelly que mes brigades étaient extrêmement affaiblies, que sa cavalerie ayant abandonné sa position j'allais être débordé et pris en flanc et que je le priais de faire faire à droite à deux de ses brigades, pour venir s'appuyer à celle d'Anjou et la soutenir ; mais soit qu'on lui rendît mal ce que je viens de dire, soit qu'il n'osât faire ce mouvement devant l'ennemi, soit par d'autres raisons que j'ignore, aucune de ses troupes ne branla.

Je dis aux maréchaux de camp que j'avais avec moi que notre situation était mauvaise et dangereuse, mais qu'ils sentaient la nécessité d'y tenir jusqu'à extinction. Je donnai ordre à M. de Larnage, lorsque la brigade d'Anjou ne pourrait absolument conserver son poste, de se replier en fusillant derrière des haies voisines et de s'y former, tandis que je ferais la même chose avec celle des Gardes de Lorraine.

Il y avait plus de deux heures que nous étions vis-à-vis toute l'armée des ennemis dans un feu continuel à la demi-portée du fusil ; plus du tiers des brigades était hors de combat ; nos cartouches des mulets composés (*sic*) étaient presque épuisées et les allées et venues d'officiers à cheval, que je voyais galoper de la gauche à la droite des ennemis, me firent juger qu'ils faisaient une nouvelle disposition et que nous allions être attaqués en force. En effet l'ennemi déboucha de partout sur les Espagnols et sur nous, tandis qu'une colonne attaqua la cassine si supérieurement que les piquets qui en bordaient les dehors furent obligés, après beaucoup de résistance, de se replier sur la brigade de Lorraine ; un piquet français qui était dedans en sortit et se fit jour la baïonnette au bout du fusil ; les deux autres y restèrent et furent massacrés ou pris ; je m'aperçus en même temps que plusieurs bataillons espagnols qui étaient à ma gauche se retiraient, en ordre à la vérité, derrière des haies à portée d'eux ; il était temps, pour n'être pas enveloppé, de gagner celles que j'avais indiquées à Larnage, il le jugea comme moi et nous nous repliâmes en grand ordre, fusillant toujours ; c'est là où j'eus un cheval tué sous moi, j'en changeai derrière la haie où nous restâmes à cent pas de l'endroit que nous avions abandonné, soutenant toujours notre feu contre celui des ennemis.

Cependant M. Pignatelly avait envoyé tous ses dragons pour soutenir la cavalerie que j'avais sur ma droite et il se passa de leur part plusieurs charges de distinction, non en ligne dans un terrain coupé de fossés secs et de haies, mais par troupes et par pelotons. Les cinq escadrons de dragons du prince Eugène furent entièrement détruits en détail par les dragons d'Espagne de la Reine. Un régiment de cuirassiers fut aussi battu à plate couture par un régiment espagnol dont j'ai oublié le nom, mais les Autrichiens ayant là plus de 5,000 chevaux, la partie n'était pas égale contre les vingt escadrons de M. Pignatelly, c'est pourquoi ces derniers commencèrent à se battre en retraite laissant mon flanc droit à découvert. Je jugeai qu'il ne fallait pas attendre que la cavalerie ennemie m'enveloppât et je me mis en colonne pour gagner une autre haie plus éloignée, mais comme j'étais prêt à la passer, je vis déboucher à la débandade dans ce champ une centaine de cavaliers ennemis avec de grands cris et le sabre à la main, ce qui mit du désordre dans les restes de brigades. Il y eut peu de soldats sabrés parce qu'ils eurent le temps de se jeter dans le fossé de la haie d'où ils firent grand feu ; un de mes aides de camp reçut un coup de sabre sur le bras droit, son cheval fut blessé d'un coup de pistolet et je ne sais ce qui serait arrivé de moi, si des dragons espagnols qui, de l'autre côté d'une haie voisine, voyaient ce qui se passait où nous étions, n'eussent brusquement franchi le fossé et accouru à notre secours.

Aussitôt que les cavaliers ennemis les eurent aperçus, ils prirent la fuite à toutes jambes ; c'est ce qui acheva de nous dégager et nous nous remîmes en bataille, mais réduits presque à rien, derrière la haie. Il était 9 heures 1/2 du matin.

Ce fut alors qu'on vint m'avertir que M. de Gages arrivait avec les gardes espagnoles et wallonnes et les trois bataillons des grenadiers royaux d'Espagne ; je dis à M. de Larnage de rester là jusqu'à mon retour et que j'allais m'aboucher avec le général espagnol. Je le trouvai à trois cents pas en arrière qui donnait ses ordres, faisant former ses bataillons et les plaçant à mesure qu'ils arrivaient. Je lui rendis compte de ma situation et je lui demandai où était M. le maréchal ; il me dit qu'il l'avait prié de ne pas quitter l'Infant, sa présence y étant plus nécessaire qu'ici où les choses allaient changer de face, attendu que toutes les divisions arrivaient ; je lui demandai ses ordres pour mes deux brigades où il ne restait quasi plus personne. Il me dit d'en mener les débris à Verate et qu'il n'avait besoin que de cavalerie pour soutenir celle de M. Pignatelly, en sorte que je ne pouvais lui envoyer trop tôt celle que conduisait M. Dargouges, que c'était ce qui pressait le plus. Cette cavalerie qui était de ma colonne n'avait pu suivre mes deux brigades à cause de l'énorme quantité de charrettes et d'équipages espagnols qui embarrassaient le chemin, car les Espagnols n'observent aucun ordre à cet égard. Les soldats des deux brigades s'étaient jetés à droite et à gauche et avaient passé, mais la cavalerie n'avait pu s'en démêler. Je la trouvai qui arrivait enfin, je dis à M. Dargouges que M. de Gages l'attendait et qu'il ne pouvait trop se presser de le joindre.

Je connaissais les débouchés, je le conduisis avec promptitude et l'on ne peut trop louer la fermeté que fit paraître notre cavalerie sous le feu du canon et de la mousqueterie des ennemis. Les Espagnols se remirent et peu de temps après tout fut rétabli. M. Dargouges en a rendu compte à M. le maréchal et je me bornerai à dire que M. de Gages en a marqué beaucoup de satisfaction.

La cavalerie française étant postée, j'allai chercher mes deux brigades, mais elles ne pouvaient plus être où je les avais laissées, les ennemis en occupaient le terrain et le combat continuait avec les troupes qu'avait amenées M. de Gages. Je jugeai que M. de Larnage s'était retiré et je me portai sur le chemin de Verate, pour faire avancer la division de M. de la Chetardie que je trouvai à cent pas de là ; il conduisait la brigade de la Reine ; je lui dis par où il fallait passer pour aller joindre et appuyer les gardes espagnoles que soutenait M. Dargouges et d'où je venais, je lui demandai s'il n'avait point trouvé en chemin M. de Larnage, il me dit que non, mais un officier de la Reine me dit qu'il avait vu quelques soldats des gardes de Lorraine à une cassine voisine qu'il me montra. J'y

courus et je trouvai MM. de Larnage, de Sault et de Vigier qui me
dirent avoir été forcés de se replier de haies en haies, mais qu'ils
n'avaient ramené que les débris des gardes de Lorraine, ne sachant
où pouvaient être ceux d'Anjou qui s'étaient retirés par d'autres
haies, ce qui me mit fort en peine. J'envoyai des aides de camp
sur la droite pour s'informer, mais je n'en pus avoir de nouvelles ;
en effet il n'était pas possible, à moins que de deviner, parce
que M. Descars qui commandait la brigade d'Anjou, qui se retirait
par d'autres haies à hauteur de celle de Lorraine, trouva un officier
espagnol de la part de M. Boccarelly qui commandait 500 chevaux
espagnols sur le grand chemin de la Romea, lequel le pria de venir
avec de l'infanterie pour soutenir ce détachement, attendu que les
ennemis paraissaient en force et avec du canon vis-à-vis de lui et
même que le comte de Maillebois y était avec quelques soldats qu'il
avait rassemblés. M. Descars prit sur lui, et fit bien, de suivre l'officier espagnol avec 200 hommes ou environ qui restaient de sa
brigade et le comte de Maillebois fut fort aise de le voir arriver.

Pour l'intelligence de ce que je viens de dire il faut savoir que le
même M. Boccarelly avait envoyé un officier à toutes jambes à Castel
San Giovanni qui dit à l'Infant qu'on voyait sur la grande chaussée
une épaisse colonne d'infanterie et beaucoup de cavalerie à sa gauche
qui s'avançaient avec 12 pièces de canon. Cette nouvelle avait
causé une telle alarme à toute la cour de S. A. R. que le maréchal
ne put la calmer qu'en faisant partir le prince et toute sa suite pour la
Stradella, tandis que le comte de Maillebois se porta au galop vers
M. Boccarelly pour éclaircir le fait. Il trouva vis-à-vis de lui environ 500 Croates postés sur la grande chaussée, derrière deux pièces
de canon qui avaient effectivement tué quelques chevaux de son
détachement, et 500 ou 600 cuirassiers en bataille sur leur gauche.
Il était toujours à propos d'avoir quelque infanterie à côté du détachement espagnol, mais on devait peu craindre que ces Croates
fussent là pour gagner Castel San Giovanni ; c'était au contraire
une précaution de l'ennemi pour assurer sa retraite par Pontetidone
à tout événement. Le comte de Maillebois en jugea ainsi ; il retourna fort vite à l'Estradella[1] pour dissiper les frayeurs de S. A. R.

---

1. Lisez *Stradella* ; répétons encore ici que nous écrivons les mots comme dans le

et il dit à M. Descars de suivre le détachement de M. Boccarelly lorsqu'il aurait ordre de se replier.

Cependant l'arrivée de M. de la Chetardie ne contribuait pas peu à contenir les ennemis et à leur faire songer à se retirer; celle de M. de Castellar avec 6,000 hommes de troupes fraîches les y détermina tout à fait; M. de Gages l'ayant jugé et voulant faire chemin, car c'était notre objet, ordonna à la cavalerie française et espagnole de filer sur Castel San Giovanni et à M. de la Chetardie d'en faire l'arrière-garde. M. de Castellar m'avait dit en passant que M. de Lewis le suivait avec 12 compagnies de grenadiers et je savais que M. le prince de Beauvau était à Verato avec 18. Je dis à M. de Castellar que j'allais lui envoyer tous ces grenadiers, hors 4 compagnies que je laisserais à Verato, pour couvrir une partie des équipages qui n'avaient encore pu achever de défiler. Je revins donc à Verato, d'où je fis sur-le-champ partir MM. de Beauvau et de Lewis avec 26 compagnies de grenadiers et les dragons Dauphin, pour aller recevoir les ordres de M. de Castellar qui devait faire l'arrière-garde de tout. Je plaçai à Verato les débris des gardes de Lorraine, les 4 compagnies de grenadiers et 2 bataillons faibles des Suisses espagnols de Dunan que je trouvai là. Cette disposition était d'autant plus nécessaire qu'il parut quelques tirailleurs et de la cavalerie ennemie de l'autre côté du Tidon, qui auraient mis du désordre dans la queue des équipages. J'envoyai ordre à M. de Mailly, qui commandait un détachement faisant partie de l'arrière-garde, du pont qui venait d'être brûlé de se rendre sans délai à Verato, d'où il ferait savoir son arrivée à M. de Castellar.

Il était 4 heures après-midi, le feu se ralentissait et s'éloignait; je jugeai l'affaire finie et qu'il n'était plus question que de cheminer, mais je voulais voir paraître la tête de colonne du détachement de M. de Mailly qui était suivi des troupes de M. de Campo-Santo. Sur les 5 heures, j'en vis paraître la cavalerie.

Je dis à MM. de Larnage, de Sault et de Vigier de se mettre en marche par le chemin intermédiaire de la Romea et du Pô qui se rend par Sarmetto à Castel San Giovanni pour couvrir d'autant la queue des équipages. Je laissai à Verato les 4 compagnies de grenadiers et le régiment de Dunan avec ordre d'attendre M. de Mailly qui en ferait la disposition qu'il jugerait à propos. J'allai rejoindre ensuite M. de Larnage et j'arrivai à l'Estradella à 10 heures du soir, où je rendis compte de ma besogne à M. le maréchal qui en parut content.

Il est certain que la réussite du projet est due à la fermeté que les brigades d'Anjou et des gardes de Lorraine ont montrée dans cette occasion, elles méritent les grâces du Roi. Leur destination n'était pas de combattre, elles devaient au contraire avoir l'avant-garde du tout, parce que M. le maréchal avait lieu de croire que ses ordres seraient exécutés et que M. Pignatelly aurait occupé la grande chaussée et le pont Tidon qui est à une portée de canon en avant à cause du coude que fait la rivière en cet endroit-là, mais, voyant que cette disposition n'était point effectuée, je crus devoir y remédier et sacrifier ces deux brigades au salut de toute l'armée. Je ne puis dire trop de bien de MM. de Larnage, de Sault, de Vigier et chevalier de Beauvau, non plus que de MM. de Cornillon, le chevalier de Modène et Bourset, qui ont toujours été auprès de moi tant qu'a duré l'action. Cornillon y a eu un cheval tué sous lui, MM. d'Esluard et chevalier de Rochechouart, lieutenant-colonel et major d'Anjou, ont été blessés, ainsi que beaucoup d'officiers des deux brigades. M. le maréchal vous enverra l'état des blessés et des morts.

J'ai l'honneur d'être, avec un invariable et très respectueux attachement, Monsieur, votre très humble et très obéissant serviteur.

SENNETERRE.

Les Gardes lorraines firent des pertes considérables dans ce combat acharné, eu égard à leur faible effectif ; elles n'eurent cependant qu'un officier tué : le lieutenant Raymond.

Officiers blessés : major *de Tonnoy* ; capitaines *Beauvais, Gaynot, Lavaux, Launoy, de Bar, Balançon, Laval* ; lieutenants *Daubigny, La Carbonnière, Florac, du Van.*

Officiers prisonniers : capitaines *du Lac, Marcou, Reville, Saint-Lambert, Aignac*.

Soldats manquants : 280. — Blessés : 187.

Le régiment de Beauce, qui faisait brigade avec les Gardes, souffrit moins ; il compta 4 officiers blessés et 3 officiers disparus ; 152 soldats manquants et 87 blessés.

Le prince de Beauvau fit l'arrière-garde sous M. de la Chetardie, après avoir été pendant l'action employé à couvrir le centre de l'armée. La retraite eut lieu en très bel ordre, les troupes faisant fréquemment face à l'ennemi, avec un sang-froid remarquable.

La belle conduite des Gardes Lorraines à l'affaire du Tidon fut appréciée comme elle le méritait par le général en chef. Le 17 août à Tortone, en même temps que M. de Senneterre rédigeait le rapport que nous avons publié [1], le comte de Maillebois écrivait à son oncle le ministre d'Argenson pour lui demander des récompenses. Sa lettre, des plus honorables pour le régiment, est à citer.

A Tortone, ce 17 août.

Je joins ici, mon cher oncle, plusieurs mémoires de grâces auxquels je vous supplie de vouloir bien faire attention. Ce sont des officiers d'un mérite supérieur et distingués par leur bravoure et leur intelligence. A l'égard du mémoire qui concerne le régiment des Gardes Lorraines je le joins à ma lettre, parce que ce régiment me paraît mériter des distinctions particulières par tout ce qu'il a fait à l'action du Tydon. Vous en ferez ce que vous jugerez à propos pour le bien du service et l'émulation. N'oubliez pas

---

1. Indépendamment de ce rapport, les Archives de la guerre possèdent une lettre de M. de la Chetardie, lieutenant-général qui conduisait les colonnes du centre, pendant que M. de Senneterre commandait la colonne de gauche, c'est-à-dire la plus rapprochée de l'ennemi. Le récit de M. de la Chetardie, daté de Tortone le 18 août 1746, est un exposé d'ensemble utile à lire lorsqu'on veut se rendre un compte plus complet de l'opération. Il a été publié en 1794 dans le tome III des *Lettres et Mémoires du maréchal de Saxe*. Nous avons préféré reproduire la lettre inédite de M. de Senneterre parce qu'elle concerne plus spécialement les Gardes Lorraines, mais dans le résumé dont elle est précédée une erreur importante commise dans le *Carnet de la Sabretache*, a été reproduite ici page 41 où on lit : » Nous passâmes le Tidone de bonne heure. « C'est inexact, voici pourquoi :

Les trois ponts jetés sur le Pô par les Franco-Espagnols débouchaient sur la rive gauche du Tidone que l'on n'eut point à traverser et sur lequel on détruisit au contraire le pont possédé par l'ennemi près de l'embouchure de cette rivière. Quant à M. de Castellar, sorti le dernier de Plaisance, à la faveur de la nuit avec 6,000 hommes, bien que cette ville située sur le Pô soit bâtie sur la rive droite, c'est par la rive gauche qu'il rallia l'armée pour retraverser le Pô à sa suite.

ce que je vous deman.le dans ma lettre au sujet des officiers prisonniers à
l'affaire du 16, il faut les priver de grâces pour longtemps et je serais même
d'avis d'en priver quelques-uns de leurs emplois [1]. Vous connaissez, mon
cher oncle, mon tendre et inviolable attachement pour vous.

P. S. — Je ne saurais trop vous exalter M. de Cornillon. J'espère que
vous récompenserez notre courrier Vogué [2].

RÉGIMENT
DES GARDES LORRAINES.   *Mémoire.*

La façon distinguée avec laquelle le régiment des Gardes lorraines s'est
comporté à l'affaire du Tidon, m'engage à demander à M. le comte d'Argenson les grâces cy-après :

Capitaines blessés.
- Le sieur Destraucourt, *pension.*
- Le sieur Gainot, *gratification.*
- Le chevalier de Bar, *pension.*
- Le sieur de Beauvais, *croix de Saint-Louis.*

Lieutenants blessés.
- Laval, ayde-major, *croix de Saint-Louis.*
- Duvair, lieutenant de grenadiers — *Une meilleure retraite que celle qui était demandée pour luy dès l'hiver dernier.*
- Florac, *gratification.*
- Descoutrelle, *gratification.*

MAILLEBOIS.

L'armée continuant sa retraite, repassa les Apennins à la Bochetta le 23 août 1746 ; l'avant-veille elle faisait séjour à Voltaggio
et ce jour-là le prince de Beauvau formula une demande de congé.
Nous reproduisons sa lettre non seulement parce qu'elle contribue
à peindre la personnalité et la situation de famille du colonel des
Gardes Lorraines, mais aussi en raison de la réponse que Louis XV
prescrivit de faire à cette requête, réponse particulièrement gracieuse, étant donné que le prince de Craon, père du colonel, était

---

1. Le ministre tenait grand compte des appréciations de son neveu, car il annota
sa lettre comme il suit :
*Il faudra faire une note de tous les officiers prisonniers à l'affaire de Plaisance
pour arrêter toutes les grâces qui seront demandées pour eux par les colonels et inspecteurs, comme gratifications, croix de Saint-Louis, etc.*
2. M. de Cornillon était le chef d'état-major de l'infanterie.
Le marquis de Vogué, porteur des dépêches des deux Maillebois, avait été choisi
de manière à pouvoir répondre aux questions du ministre, comme ayant fait fonctions de maréchal des logis (chef d'état-major) de la cavalerie pendant l'affaire.

alors en fonctions à la cour du grand-duc de Toscane, mari de l'Impératrice, notre principal adversaire.

Monsieur,

Les circonstances dans lesquelles je me trouvais à la fin de la campagne dernière m'empêchèrent de songer à voir mon père, quoique dès ce temps-là j'eus des affaires très importantes à régler avec lui. Aujourd'hui que l'armée de M. le maréchal de Maillebois semble ne pas devoir passer l'hiver en Italie et que ma présence serait par conséquent tout à fait inutile au régiment, je vous supplie de trouver bon qu'après m'y être tenu jusqu'à la séparation totale de l'armée, je puisse aller passer à Florence le temps que vous voudrez bien me prescrire, pour arranger avec mon père des affaires qui ne peuvent se remettre sans me faire un tort considérable. La neutralité qui s'observe dans ce pays-là m'a fait croire qu'il n'y avait point d'inconvénient à vous exposer ma situation et le besoin dans lequel je suis d'y aller pour des affaires de famille, qui céderont toujours cependant aux considérations qui pourraient m'en empêcher d'ailleurs si vous me faites seulement envisager, Monsieur, qu'il y en ait.

Si, au contraire, ma demande vous paraît simple et que le Roy veuille bien me l'accorder, je vous serai infiniment obligé de vouloir bien m'en adresser la permission sous l'enveloppe de M. de Girimont, à Gênes, et je n'en profiterai qu'au moment où M. le maréchal de Maillebois le trouvera bon et quand la campagne sera tout à fait achevée.

J'ai l'honneur d'être avec un respect infini, Monsieur, votre très humble et très obéissant serviteur.

Le prince de BEAUVAU.

Voltaggio, le 21 août 1746.

En marge de cet autographe, tout entier de la main du prince, le ministre inscrivit :

Répondre que j'en ai rendu compte au Roy et que S. M. lui permet, lorsqu'il ne jugera plus sa présence nécessaire à l'armée, d'aller rendre visite à M. son père (c'est M. le prince de Craon) pour travailler à l'arrangement de ses affaires, S. M. ayant toute confiance à la conduite qu'il observera pendant le cours de ce voyage dont Elle ne lui prescrit point le terme, s'en rapportant à lui pareillement.

En attendant le moment de profiter de son congé, le colonel des Gardes Lorraines continuait à se faire remarquer. « Le 3 septembre, écrivait le marquis de la Chetardie, M. de Thobin, brigadier espagnol, et M. de Beauvau furent chargés de l'arrière-garde qui se fit dans le lit de la Polceverra avec autant d'ordre que d'audace et de tranquillité. »

Nous ne pouvons continuer à suivre les événements de cette campagne, on sait qu'elle se termina par l'invasion de la Provence. Les Austro-Sardes passèrent le Var le 30 novembre. Les Gardes Lorraines, placées pour l'ordinaire en réserve au grand quartier général, n'avaient pas encore réussi à reconstituer leur effectif ; le 24 novembre, à Grasse, elles ne comptaient que 361 hommes dans leurs deux bataillons et faisaient brigade avec le régiment Royal-Lorraine fort de 1,013 hommes, également de deux bataillons.

Le maréchal de Belle-Isle remplaça le maréchal de Maillebois dans le commandement de l'armée d'Italie. Nous ne résistons pas au désir de transcrire sur ce gros changement le début d'une lettre et d'un billet, tous deux autographes, conservés aux archives. La lettre est du ministre au maréchal de Belle-Isle pour lui donner secrètement rendez-vous.

A Fontainebleau, ce 5 novembre 1746.

Le Roy m'ordonne, Monsieur, de vous faire part des arrangements qu'il vient de prendre et pour l'exécution desquels il compte sur votre attachement à sa personne et votre zèle pour son service.

La situation des affaires en Provence demande des remèdes que M. le maréchal de Maillebois n'est pas à portée d'y donner par la position où il s'est mis vis-à-vis de l'Espagne. Le Roy jette les yeux sur vous pour le remplacer et ce changement ne peut être ny trop prompt ny trop secret, pour que la situation critique où sont les affaires dans ce pays-là n'en souffre pas encore davantage. Il n'y a donc pas un instant à perdre dans les mesures que nous avons à prendre pour son exécution. Voici en conséquence ce que S. M. a déterminé elle-même. Je partirai demain au soir d'icy sur quelque prétexte que j'imaginerai mais qui ne sera pas pour Paris. J'arriverai je ne sais à quelle heure dans la nuit, à Neuilly, où je vous donne rendez-vous lundy matin sur les dix ou onze heures, avec M. votre frère que le Roy destine à vous accompagner en Provence. L'idée même de S. M. est qu'il doit vous y précéder pour recevoir le commandement de l'armée des mains de M. le maréchal de Maillebois et pour lever tout obstacle à cet égard. S. M. rappellera M. de Senneterre en même temps que M. de Maillebois, au moyen de quoi M. votre frère se trouvera l'ancien lieutenant-général de l'armée. Sa Majesté désire qu'il parte pour s'y rendre aussitôt après que je lui auray expliqué plus particulièrement ses intentions, etc.

La seconde pièce semble être le premier jet de la lettre écrite par le maréchal de Belle-Isle au maréchal de Maillebois dans cette occurrence délicate, elle débute ainsi :

Paris, ce 10 novembre 1746.

Une bombe qui me serait tombée sur la tête ne m'aurait pas causé plus d'effet, mon cher Maréchal, que le courrier que me dépêcha à Lisy, il y a trois jours, M. le comte d'Argenson pour m'apprendre la volonté du Roy, etc.

Parvenu à Tournon, le nouveau commandant en chef prit le commandement dans les premiers jours de décembre 1746 ; des renforts étant arrivés, son frère, le chevalier de Belle-Isle, força l'ennemi à repasser le pont du Var du 2 au 3 février 1747. Des deux côtés, les armées ne tardèrent pas à prendre leurs quartiers d'hiver qui se prolongèrent jusqu'en mai.

Les 20 et 22 dudit mois, les Gardes Lorraines quittèrent Montpellier et Nîmes pour arriver sur le Var le 8 juin et rentrer en ligne. Le régiment employé aux opérations dans le comté de Nice ne participa point le 19 juillet à l'attaque des positions piémontaises du col de l'Assiette, sanglant échec qui mit cette année-là un terme à nos succès.

Une ordonnance du 20 septembre 1747 prescrivit la levée d'un 3ᵉ bataillon qui se forma à Vienne à la date du 24 octobre 1747.

On nous permettra de citer, à l'occasion de cette formation, la fin d'une lettre écrite au ministre par le prince de Beauvau, du camp de la Trinité, près de Nice, le 16 octobre 1747 ; elle fournit un exemple frappant des conditions de l'avancement à cette époque. L'officier pour qui M. de Beauvau sollicite la lieutenance de sa compagnie colonelle appartenant à une des premières familles de la noblesse lorraine, famille dont les membres ont constamment servi jusqu'à nos jours avec une grande distinction.

..... Je propose par ce mémoire pour la lieutenance de ma compagnie le comte de Ligniville, mon cousin, qui est enseigne depuis le commencement de la campagne, qui me paraît bon sujet et auquel le Roi de Pologne veut bien s'intéresser. J'ai l'honneur de vous demander en même temps pour lui la commission de capitaine. Il est né si pauvre que je ne puis lui faire lever de compagnie dans le 3ᵉ bataillon parce qu'il n'aurait pas de quoi la soutenir et il n'y a que la grâce que je vous demande pour lui, Monsieur, qui puisse suppléer au malheur de la fortune.

N'ayant encore pu déterminer à la retraite le sieur L. que le commandement du 3ᵉ bataillon regarde, je n'aurai l'honneur de vous envoyer que dans quelque temps le mémoire à ce sujet. Je joins ici l'état des lieutenants du régiment que j'ai choisis pour lever les compagnies du 3ᵉ bataillon, ils sont déjà partis pour travailler à des recrues et j'aurai l'honneur de vous demander leurs commissions dans peu.

Le 3ᵉ bataillon fut organisé sur le pied de 17 compagnies comme les deux premiers; un détachement de 110 soldats du régiment, prisonniers de guerre échangés, dut arriver de Briançon à Vienne le 6 novembre pour faire le fond de ce bataillon.

Le régiment quitta l'armée d'Italie le 5 novembre 1747 pour arriver à Vienne et à Bourgoin les 3 et 5 décembre. Les quelques dates suivantes permettent de suivre sa trace jusqu'à sa rentrée en Lorraine, dans l'automne de 1748, après le traité d'Aix-la-Chapelle.

Le 2ᵉ bataillon des Gardes Lorraines rallia les 1ᵉʳ et 3ᵉ à Vienne le 1ᵉʳ mars 1748; les deux premiers bataillons quittèrent cette ville le 23 avril pour rejoindre l'armée d'Italie en juin. Le 3ᵉ bataillon ne se mit en marche que le 4 juin pour Toulon où il arriva le 22 du même mois.

La campagne de 1748 fut très courte, elle se réduit presque aux opérations du duc de Richelieu dont le centre était à Gênes. Une suspension d'armes fut conclue le 12 juin pour le comté de Nice et le 22 du même mois pour l'armée du Dauphiné.

De Barjols en Provence, le régiment des Gardes Lorraines fut dirigé sur Nancy. Son 3ᵉ bataillon fut supprimé lors de la réduction générale de l'infanterie qui suivit la conclusion de la paix. Toutefois, la compagnie de grenadiers de ce bataillon fut conservée pour entrer dans le corps des *Grenadiers de France*.

C'est le 2 janvier 1749 que les Gardes Lorraines relevèrent à Lunéville les compagnies de bas-officiers français de service à la cour de Stanislas.

Les contrôles des deux bataillons, réduits à 13 compagnies chacun, dont une de grenadiers, furent établis à Nancy le 17 avril 1749 et sont conservés au ministère de la guerre.

Nous avons reproduit déjà au début de la présente étude la note du bureau de la guerre, datée du 1er septembre 1749, ayant pour but d'obtenir du Roi les moyens de garder à la suite des Gardes Lorraines les officiers dont les emplois étaient supprimés et le lecteur se rappelle peut-être la décision autographe de Louis XV :

« BON, POURVU QUE CE SOIT DES LORRAINS. »

Afin de montrer la place que tenaient, en effet, les Lorrains dans les cadres du régiment, voici la liste de tous les officiers nés en Lorraine, extraite d'une pièce des archives intitulée : *État de MM. les officiers du régiment des Gardes Lorraines du 1er mars 1751*.

GARDES DE LORRAINE.

État des services de MM. les officiers du régiment des Gardes Lorraines du 1er mars 1751.

M. le *prince de Beauvau*, colonel.

M. le *chevalier de Beauvau*, 2e colonel.

M. *de Custine*, commandant de bataillon avec commission de lieutenant-colonel (Antoine-Philippe-Joseph Custine de Marcilly).

Né le 22 octobre 1720, il est du village des Étangs, province de Lorraine.

M. *de Tonnoy*, capitaine avec commission de lieutenant-colonel (Marc-Antoine-Humbert de Tonnoy).

Né le 14 janvier 1713, il est de Rosières-aux-Salines en Lorraine.

M. *de Grandemange*, capitaine (Dominique de Grandemange). A pris le nom de Danderny.

Né le 19 juin 1719, il est de Nancy en Lorraine.

M. *de Gaynot*, capitaine (Joseph de Gaynot).

Né le 10 avril 1721, il est de Dammary, comté de Ligny en Barrois. Il a commencé à servir dans les cadets gentilshommes du Roy de Pologne à Lunéville le 16 juin 1737. Il y a resté jusqu'au mois de mai 1740.

M. *D. Bertinet*, capitaine (Léopold de Bertinet).

Né le 3 février 1721, il est de Savigny en Lorraine (a commencé comme le précédent, mais du 15 juin 1737).

M. *de Saint-Lambert*, capitaine (Charles-Joseph de Saint-Lambert).

Né le 6 juin 1716, il est d'Affracourt en Lorraine. Il a commencé à servir en qualité de lieutenant dans le régiment des Gardes Lorraines du 1er mai 1740.

M. *de Rouot*, capitaine (François-Xavier Rouot).

Né le 29 juillet 1722, il est de Pont-à-Mousson en Lorraine. Cadet gentilhomme du Roy de P. en may 1737.

M. *de Lallemand*, capitaine (Nicolas-Charles-François-Lallemand).

Né le 6 décembre 1718, il est de Ligny en Barrois. Cadet gentilhomme du Roi de P. en janvier 1738 jusqu'au 3 juin 1742.

M. *de l'Escale*, capitaine (François de Lescale).

Né le 22 juin 1724, il est de Bar en Barrois. Cadet gentilhomme du Roy de P. du 1er janvier 1739 au 1er mars 1743.

M. *Demarne*, capitaine (Daniel Demarne).

Né le 11 septembre 1716, il est de Bar-le-Duc en Barrois. Cadet gentilhomme du Roy de P. en juin 1741 jusqu'au 21 novembre 1743.

M. *de Vassimont*, capitaine (Sébastien-François-Cachedenier de Vassimont).

Né le 9 octobre 1733, il est de Bar-le-Duc en Barrois. Il a commencé à servir comme lieutenant dans le régiment des Gardes Lorraines le 1er mars 1744.

M. *de Jobars*, capitaine en second (Charles-Antoine Jobars).

Né le 8 may 1727, il est de Bar-le-Duc en Barrois. Sous-lieutenant aux Gardes Lorraines le 2 avril 1746.

M. *de Riocourt*, capitaine en second (Marc-Louis du Bois de Riocourt).

Né le 20 juillet 1728, il est de Nancy en Lorraine. Cadet gentilhomme du Roi de P. du 2 février 1745 au 24 décembre 1746.

M. *le chevalier de l'Escale*, capitaine en second (Hyacinte chevalier de Lescale).

Né le 26 juin 1746, il est de Bar-le-Duc en Barrois.

Il a commencé à servir comme enseigne dans le régiment de Royal-Lorraine, le 26 avril 1744.

M. *Olry*, capitaine en second (Michel Olry), a quitté en 1752.

Né le 2 novembre 1726, il est de Metz dans les Évêchés.

Lieutenant dans les Gardes Lorraines en avril 1747.

M. *de Ligniville*, capitaine en second (Pierre-Jean de Ligniville).

Né le 7 décembre 1730, à Nancy en Lorraine. Enseigne dans les Gardes Lorraines du 21 juin 1747.

M. *de Feriet*, capitaine en second (Joseph-Henry Feriet).

Né le 3 may 1730, à Affracourt en Lorraine. Cadet gentilhomme du Roy de P. du 28 may 1745 au 24 octobre 1747.

M. *d'Arbois*, capitaine en second (Joseph Jubenville d'Arbois).

Né le 15 novembre 1729, à Neufchâteau en Lorraine.

Cadet gentilhomme du Roi de P. en mars 1745 jusqu'en janvier 1749.

M. *le chevalier de Ligniville,* enseigne (Charles-Joseph chevalier de Ligniville).

Né le 1er avril 1733, à Nancy en Lorraine. Lieutenant aux Gardes Lorraines le 27 janvier 1748.

M. *de La Violette,* lieutenant de grenadiers (le sieur Nicolas Remy a porté étant soldat et sergent le nom de Laviolette et depuis qu'il est officier celui de Remy).

Il est né le 13 février 1715 à Saint-Avold (Lorraine allemande), a commencé à servir dans le régiment de Meez-Suisse le 14 février 1734 et en est sorti le 9 février 1737 par congé absolu.

Il est entré dans le régiment des Gardes Lorraines compagnie des grenadiers de Riveray le 29 may 1740. Fait sergent dans cette compagnie en juin 1744. Lieutenant en second dans la même compagnie le 8 may 1747 et lieutenant en premier le 28 janvier 1750.

M. *de Gournay-Duc,* lieutenant réformé à la suite du régiment (Jean-Jacques-Louis-Emmanuel de Gournay-Duc).

Il est né le 13 juillet 1737, il est de Metz et possède des lettres de lieutenant réformé à la suite du régiment des Gardes Lorraines du 1er septembre 1749.

Notre très vif désir serait que ce premier chapitre des chroniques de l'ancien 47ᵉ régiment d'infanterie, alors qu'il portait le titre de Gardes Lorraines, pût servir à montrer les développements dont est susceptible l'histoire de nos vieux régiments, lorsqu'on étudie leurs services sous l'ancienne monarchie dont les victoires ne figurent pas sur nos drapeaux. A la vérité les recherches nécessaires pour retrouver la constitution du personnel et le détail des faits exigent beaucoup de temps, en outre elles ne peuvent être faites généralement qu'aux archives de la guerre. Toutefois, cette restriction n'est pas absolue, il est probablement d'autres sources à découvrir pour quelques périodes. Le canevas de l'historique une fois bien tracé, différentes études particulières viennent alors s'y enchâsser à leurs dates et ce peut devenir une tâche attrayante pour les officiers qui en auraient le goût, le temps et l'occasion, de reconstituer authentiquement tel ou tel chapitre des annales de leur régiment.

C'est ainsi que seraient comblées les lacunes de notre histoire militaire et que se créeraient peu à peu de véritables archives régimentaires sauvant de l'oubli, au grand profit de l'esprit de corps, maints beaux exemples, si nombreux dans les chroniques de nos plus anciens régiments. Pourquoi négligerait-on ce ressort moral, aujourd'hui que tous les efforts doivent tendre à remédier au peu de durée du service actif de nos soldats ?

L'empreinte frappée au régiment doit être profonde si l'on ne veut pas qu'elle s'efface promptement, c'est ce que semblent comprendre actuellement toutes les armées. En temps de paix l'une des grandes missions des cadres est de conserver vivantes les traditions guerrières des régiments et d'en pénétrer les générations qui se succèdent sous les drapeaux. Lorsque l'histoire d'un corps est solidement établie, les tableaux, les images même, les inscriptions, les fêtes régimentaires servent à en graver les principaux traits dans le cerveau des jeunes soldats. L'enseignement qu'y puisent les officiers, plus élevé et plus important encore, n'a pas besoin d'être démontré. Il reste là une noble tâche à remplir pour les héritiers actuels des régiments disparus.

La campagne de 1758 nous fournira un second chapitre de l'histoire des Gardes Lorraines qui mettra de nouveau en relief la bravoure et le dévouement du régiment.

Campagne de 1758.

Le combat du Tidon, livré le 10 août 1746, et l'affaire de Hoya, du 23 février 1758, sont les deux principaux faits militaires de l'histoire des Gardes Lorraines ; elles y combattirent avec une bravoure acharnée, dont le 47ᵉ peut et doit tenir à honneur de conserver la mémoire.

La glorieuse journée du Tidon a été exposée en détail dans la première partie de cette notice (nᵒˢ 15 et 16 de la *Revue*). Au lieu de suivre pas à pas le régiment dans la guerre de Sept ans, ce qui eût été beaucoup trop long, nous avons cru préférable de mettre en lumière, le plus complètement possible, la défense du poste de Hoya, où le corps trouva une nouvelle occasion de se signaler.

Si cette seconde affaire ne fut point aussi heureuse que la première, elle ne fut pas moins vive et le dévouement des Gardes Lorraines leur valut là aussi, comme on le verra, d'unanimes éloges.

Nous avons laissé le régiment des Gardes Lorraines revenant prendre son service près du roi Stanislas le 2 janvier 1749, c'est le 4 mars 1757 qu'il quitta de nouveau la paisible cour de Lunéville pour se rendre à Metz, au moment où la France se préparait à intervenir dans la guerre de Sept ans. Il fut affecté à l'armée du Bas-Rhin rassemblée en avril à Wesel, armée qui livra la bataille d'Hastembeck en juillet sous le maréchal d'Estrées, puis fit la conquête du Hanovre sous le maréchal duc de Richelieu. Malheureusement, dès la fin de cette même année 1757, nous avions perdu le bénéfice de la capitulation de Closter-Seven et la France subissait l'impression déprimante produite par la défaite inattendue de Rosbach.

Rappelé sur sa demande, M. de Richelieu quitta le 8 janvier, pour rentrer en France, le quartier général de l'armée à Hanovre ; le comte de Clermont, choisi pour lui succéder, n'arriva dans cette ville que le 14 ; son prédécesseur lui léguait une situation devenant chaque jour plus menaçante. Au moment où ce prince allait avoir à défendre, en plein hiver, une ligne beaucoup trop étendue contre l'offensive rapide des troupes hanovriennes et prussiennes, sa propre armée, très affaiblie, n'était point prête à rentrer en campagne, car elle était, écrivait-il le 18 février, « mal vêtue, mal équipée, fatiguée, dégoûtée... » Plus d'un colonel était allé en France en quartier d'hiver. Le nouveau général en chef se résolut donc au parti qu'on aurait dû, suivant lui, prendre depuis longtemps : repasser le Weser en conservant la Hesse ; il devait être amené bientôt à rétrograder jusqu'au delà du Rhin.

Dans les premiers jours de janvier, les Gardes Lorraines avaient participé à deux opérations sous les ordres du duc de Broglie.

Le 10 janvier, à 11 heures du soir, le jeune colonel des Gardes, chevalier de Beauvau, à la tête d'un détachement d'environ 400 hommes dont les deux compagnies de grenadiers de son régiment formaient l'élite, attaqua le village de Ridderhude, situé à une demi-lieue de son cantonnement de Burgdam et occupé dans la journée par les Hanovriens. Conformément à ses instructions, il poussa jusqu'à leurs réserves en leur infligeant des pertes supérieures aux siennes. Cette action vigoureuse avait ainsi atteint son but qui était de tâter l'ennemi et de lui en imposer.

Peu après, le 16 janvier, le duc de Broglie occupait Brême, moitié de gré, moitié de force. La veille au soir, pendant qu'il sommait les magistrats de la vieille cité hanséatique, le duc avait fait avancer les régiments de Cambrésis, Bentheim, Alsace et les Gardes Lorraines « avec leurs canons à leur tête » et les avait placés « chacun devant une des portes de la ville, avec ordre de préparer « des échelles, des planches, des poutrelles et de se mettre en état « de jeter des ponts sur la glace des fossés et de les passer si les « bourgeois prétendaient faire quelque résistance. Cela fut si bien « exécuté que, si le cas était arrivé, nous serions entrés de force « aux quatre attaques. » Le lendemain, le duc de Broglie pénétrait audacieusement, avec trois compagnies de grenadiers seulement, jusqu'au milieu de la ville dont la nombreuse population maritime s'insurgeait. La fermeté et le sang-froid du duc, puis l'entrée du régiment des Gardes Lorraines avec son canon, suivi des autres troupes, avaient promptement dominé ce mouvement populaire. « La discipline la plus exacte est observée depuis lors, « lit-on dans le rapport, il n'y a nulles plaintes et nos soldats sont « actuellement très bons amis de leurs hôtes. »

Cependant, pour ne pas surcharger la population du logement de troupes trop nombreuses, le duc de Broglie avait, le 24 janvier, fait partir les Gardes Lorraines de Brême pour Hoya, petite localité bordant le Weser, sise principalement sur sa rive gauche, et dont un trop grand nombre de soldats du régiment ne devaient plus sortir. Le chevalier de Beauvau quitta le corps sur ces entrefaites et perdit là une belle occasion de se signaler de nouveau.

A défaut d'une pièce contemporaine expliquant ce départ, le prince de Beauvau en indique, comme il suit, les motifs dans un mémoire daté du 7 juin 1759, qui valut à son frère un supplément de pension de 2,000 livres.

« ... Les fatigues de la campagne de 1757 et surtout les mouve-
« ments que fit le corps dont il était pour s'emparer de Brême au
« mois de janvier 1758, ont tellement affaibli sa vue que, dès ce
« temps, il était obligé de faire conduire son cheval dès que le
« jour baissait. Ayant lieu de craindre de la perdre tout à fait, il
« se voit contraint à supplier le Roy de lui permettre de se retirer
« et d'avoir égard à ses services et à son peu de fortune... »

Le prince n'avait point d'ailleurs attendu jusque-là pour faire valoir encore une fois la bravoure brillante de son cadet et sa lettre nous vaut la conservation d'un autographe assez curieux du maréchal de Richelieu. On nous permettra de reproduire encore ces deux lettres pour compléter ce que nous avons dit déjà des deux frères.

Le Prince de Beauvau au Maréchal de Belleisle.

Paris, le 22 février 1758.

Monsieur,

M. le marquis de Paulmy ayant persisté à me dire qu'il n'était fait mention du détachement du chevalier de Beauvau dans aucune des lettres que le maréchal de Richelieu lui a écrites, j'en ai parlé à ce dernier, qui m'a assuré en avoir pourtant rendu compte avec la plus grande force et pour preuve il a bien voulu me communiquer la lettre qu'il écrit de nouveau à M. le marquis de Paulmy, dont je joins ici copie par laquelle vous verrez ce qu'il pense du mérite de l'action de mon frère. Comme vous avez eu la bonté d'en porter le même jugement, je vous renouvelle avec confiance toutes mes instances pour lui procurer de l'avancement qu'on ne peut guères refuser à l'ancienneté ou aux actions particulières.

J'ai l'honneur d'être, avec autant d'attachement que de respect, Monsieur, votre très humble et très obéissant serviteur,

Le Prince DE BEAUVAU.

Voici cette seconde lettre du maréchal, écrite de sa main, et dont l'orthographe se ressent du laisser-aller d'un très grand seigneur.

Paris, le 22 février 1758.

Javois eu lhoneur monsieur de vous rendre conte sur le champ de ce qui cetoit passé en général au détachement que commandoit M. le duc de Broglie avant qu'il ce fut emparé de Bremen, et quelques jours après je vous rendis conte en détaill de laction particuliere dans laquelle M. le ch. de bauvau avec trois cents homes a ataque et chasse d'un village les ennemis qui y etoient plus de 1400. Je ne vous cacherai pas même que nos troupes furent ebranlées plus d'une fois et que le succes de cette affaire est uniquement du au courage même temeraire de M. le chevalier de bauvau qui non seulement par ses bonnes dispositions mais par son exemple et par la façon dont il a conduit lui-même les troupes d'une facon qui passoit de beaucoup tout ce que lon pouvoit atendre de la plus grande valeur a eu le succès le plus brillant et le plus important, car cette action en a imposé aux ennemis qui auroient sans cela ataque le lendemain M. de Broglie, ce qui l'auroit peut-être fort embarassé et il a eu tout le tems moyen en cela de faire ses dispositions pour venir a Bremen executer son projet, j'ose vous assurer Monsieur quil ny a point eu dans la campagne une action plus brillante et qui ait eu une consequence plus importante. Il est heureux qu'elle ait roulé sur un home qui d'ailleurs merite autant et qui soit de la distinction de M. le chevalier de bauvau en tout genre. J'aideja eu l'honneur de vous demander pour lui les graces du Roi et ne puis m'empecher de vous les demander encore.

Jai lhoneur destre avec l'atachement le plus inviolable Monsieur votre tres humble et tres obeissant serviteur.

DUC DE RICHELIEU.

Lors de la meurtrière affaire d'Hoya qu'il nous reste maintenant à faire connaître, ce bourg était occupé par : les deux bataillons des Gardes de Lorraine comptant environ 500 hommes sous les armes, deux compagnies de grenadiers et deux piquets du régiment de Bretagne, plus une centaine de dragons du régiment du Mestre-de-Camp-général. Le tout obéissait aux ordres du brigadier comte de Chabo, colonel des volontaires royaux, excellent officier de troupes légères dont la réputation n'était déjà plus à faire. Fidèle à notre principe de présenter les faits en publiant les pièces originales elles-mêmes, telles qu'elles sont conservées aux Archives de la guerre, nous allons nous borner à grouper ci-dessous les lettres et rapports relatifs au combat d'Hoya, dans leur ordre logique[1].

La première nouvelle de l'événement est consignée dans ce compte rendu, bref et bien caractéristique, adressé à M. de Cornillon, major général de l'infanterie, par le capitaine Gourmond, commandant les débris des Gardes Lorraines. On sait qu'à cette époque la mort des soldats était la ruine des capitaines.

De Nienbourg, le 24 février 1758.

J'ai l'honneur de vous informer que le régiment a été attaqué le 23 de ce mois à Hoya par les deux côtés de la rivière ; après un combat de deux heures, nous avons été obligés de céder au grand nombre ; je me suis retiré à Nienbourg avec quatre-vingt-dix-huit hommes, il a joint depuis hier quarante hommes ; nous y avons généralement perdu tous nos équipages et chevaux, les tentes et marmites des soldats et leurs sacs. Vous voyez, Monsieur, que le régiment est hors d'état de rien faire. Si vous voulez bien parler à M. le comte de Clermont en notre faveur, nous avons perdu en outre la gratification et le fourrage de gratification que l'on nous avait payé en monnoye et en escalins.

Nos compagnies sont entièrement fondues, nous avons laissé une grande quantité de morts sur le pont, il nous manque trente-deux officiers, il y en a beaucoup de morts et de blessés.

J'attends vos ordres pour ce qui concerne le régiment.

J'ai l'honneur, etc.

P.-S. — Il nous manque le major et le commandant du bataillon.

---

1. Cette méthode convient d'autant mieux ici, que l'affaire d'Hoya est présentée d'une manière inexacte dans l'*Histoire de l'infanterie française* du général Susane. Il est donc bon de recourir aux documents authentiques.

Un premier avis envoyé par le comte de Saint-Germain, de qui dépendait le poste d'Hoya, semble avoir été intercepté, d'après la lettre suivante :

Le Comte de Saint-Germain au Comte de Clermont.

Brunken, le 24 février 1758.

Monseigneur,

Voici le second courrier que j'ai l'honneur d'envoyer à V. A. S. pour l'avertir que les ennemis ont attaqué hier au soir et emporté, après une grande résistance, le poste d'Hoya et qu'ils attaqueront sans doute aujourd'hui Nienbourg. Je n'entre dans aucun détail, les ennemis sont très forts et les princes sont à la tête, ils ont attaqué sur les deux rives du Weser. Je me tirerai d'affaire à ce que j'espère, le plus vif regret que jay est de ne pouvoir vous joindre. Rien n'égale le profond respect avec lequel, etc.

Copie de la lettre de M. de Chabo au Comte de Clermont.

Visbeck, le 26 février 1758.

Monseigneur,

M. de Saint-Germain a eu l'honneur de vous informer de l'affaire d'Hoya; je n'ai pas eu le moment jusques icy à cause de nos marches (et n'ayant point de courriers) d'apprendre à Votre Altesse le détail de tout ce qui s'est passé. Je fus envoyé à Hoya, n'y ayant point d'officier supérieur à ce poste, je ne perdis pas un moment à faire évacuer l'hôpital et les magasins qui tous étaient à la rive droite, j'envoyai en diligence à Bremen pour avoir des matières combustibles pour brûler le pont, des outils, de l'artillerie et des cartouches, il n'y avait rien de tout cela à ce poste où rien n'avait été prévu. J'allai moi-même avec un détachement détruire tous les bateaux jusqu'à Verden, j'ordonnai des patrouilles aux régiments du Mestre-de-Camp et d'Harcourt qui bordaient le Weser et je les avertis d'être alertes dans leurs quartiers que je fis rassembler à la rive gauche.

Le 23, à midi, les ennemis avancèrent par le chemin de Verden et enlevèrent une de mes patrouilles; sur-le-champ, je fis prendre les armes et aller les reconnaître; il y eut une escarmouche assez vive, je leur tirai du canon, ils m'en rendirent, ce qui me fit voir qu'ils étaient en force. Je pris sur-le-champ le parti de me battre en retraite jusqu'au pont, amusant l'ennemi autant que je pouvais pour avoir le temps d'évacuer l'hôpital et beaucoup d'effets.. Mon projet était arrangé d'avance et, au moyen d'un retranchement que j'avais fait construire et de l'incendie des maisons qui touchent le pont, j'étais sûr d'avoir le temps de le couper ou de le brûler.

A 6 heures du soir, comme le pont était presque coupé et que l'on achevait d'attacher les matières combustibles (qui venaient seulement d'arriver de Bremen, ainsi que les cartouches et les haches), une colonne des ennemis vint attaquer mes postes à la rive gauche et les replia jusques au pont ; j'y portai sur-le-champ mes quatre compagnies de grenadiers, laissant les piquets et une partie des Gardes Lorraines pour résister à la première attaque de la rive droite et conserver mon retranchement. Les troupes firent des merveilles, poussèrent trois fois les ennemis fort loin, mais enfin, étant presque tous tués ou pris, ils furent obligés de se retirer et nous gagnâmes en bon ordre un espèce de vieux château qui servait de magasin à foin, tout ouvert d'un côté. J'y ai tenu environ une heure jusqu'à ce que je n'aye plus eu de poudre et que j'aye vu dix bataillons prêts à m'emporter d'assaut et huit pièces de canon qui me battaient et allaient mettre le feu au magasin à paille et à foin, ce qui nous brûlait tous sans ressource. Alors je demandai à capituler, on voulut me prendre à discrétion, j'envoyai M. le chevalier de Limps, lieutenant-colonel du régiment de Bretagne, parler au prince héréditaire de Brunswick et lui dire que j'aimais mieux être emporté d'assaut que prisonnier ; le prince, honnêtement, lui dit en propres termes : « Je connais le général Chabo, il nous a battus à l'affaire de Billefeldt et à plusieurs autres cette campagne, je l'estime trop pour le voir périr avec tous ses braves gens ; il est homme à le faire comme il le dit ; je lui accorde tout ce qu'il voudra hors le canon des Gardes Lorraines que je tiens déjà. » En conséquence, nous signâmes la capitulation dont j'ai l'honneur de vous envoyer copie. Je supplie V. A. de faire attention aux circonstances singulières qui m'ont empêché de brûler le pont plus tôt ; il fallait le temps de l'évacuation de l'hôpital et des magasins, et le retranchement que j'avais construit à la hâte, et l'incendie des maisons préparée me donnait du temps de reste sans l'attaque de la gauche. Les ennemis, pour pouvoir la faire, ont passé sur des *rats d'eau* construits dans un village près de la rivière, que leurs gros détachements ont empêché mes patrouilles de découvrir. Pour cinq cents louis on n'aurait pas un espion dans ce pays-là. Le régiment du Mestre-de-Camp faisait les patrouilles de l'autre côté qui ne m'ont point averti ; j'en envoyai une, à 4 heures, de 24 dragons, l'officier qui la commandait eut son cheval tué et fut pris ; aucun dragon n'eut l'esprit de venir m'avertir, ils s'en allèrent tous sur les derrières. Il est inconcevable que toutes ces patrouilles et les officiers qui en étaient ne m'ayent pas fait avertir ; mais c'est un fait que j'ose assurer à V. A. S.

Je joins icy l'état de la perte de nos troupes, elles ont fait des prodiges de valeur, je ne saurais en dire trop de bien surtout de M. le chevalier de Limps, lieutenant-colonel de Bretagne, qui commandait les grenadiers ; c'est un sujet d'un mérite rare de tous points, j'ose supplier V. A. de le faire faire brigadier.

La capitulation de Harburg a fait M. de Pereuze lieutenant-général, j'ai lieu de me flatter que les bontés de V. A. me feront maréchal de camp pour celle-ci.

Le prince de Brunswick me voulait absolument prisonnier, ou que je ne serve pas d'un an ; je luy répondis que nous aimions mieux tous mourir. Il est indispensable, pour le bien du service, de donner des récompenses à des troupes qui se sont aussi vigoureusement conduites. Le régiment des Gardes Lorraines est ruiné, il a perdu tous ses bagages que les houssards ont pris pendant qu'on signait la capitulation. Je supplie V. A. d'avoir la bonté d'écrire en ma faveur et pour les troupes qui ont bien gagné quelques récompenses. Je serais très flatté de les tenir de la main de V. A. et d'être le premier de cette armée pour qui elle aura demandé des grâces.

Je suis avec un profond respect, Monseigneur, de V. A., le très humble et très obéissant serviteur.

Signé : CHABO.

Le Comte de Chabo au Ministre de la guerre.

Visbeck, le 26 février 1758.

Monsieur,

M. le comte de Clermont vous aura rendu compte sans doute de l'affaire où je commandais le 23 à Hoya. Je vous supplie de vouloir bien représenter au Roy que cette affaire mérite ses bontés et que la capitulation dont j'ay l'honneur de vous envoyer copie devrait bien me faire maréchal de camp et avoir une pension, puisque celle de M. de Pereuse l'a fait lieutenant-général.

Je n'ai jamais voulu être prisonnier de guerre et encore moins promettre de ne pas servir. Voilà bien des occasions que j'ai eues de cette guerre sans avoir aucune récompense, il est cependant nécessaire d'en donner pour l'émulation.

M. le chevalier de Limps, lieutenant-colonel du régiment de Bretagne, s'est extrêmement distingué, il mérite bien d'être fait brigadier ; il a enfoncé trois fois l'épée à la main avec quatre compagnies de grenadiers une colonne de quatre bataillons. Les compagnies de grenadiers de Bretagne et des Gardes de Lorraine sont revenues avec dix ou douze grenadiers, tout le reste tué ou pris. Le régiment des Gardes a très bien fait aussi.

Les officiers des Gardes de Lorraine ont perdu tous leurs équipages ; pendant qu'on signait la capitulation, les hussards les ont pris. Les officiers de ce régiment, surtout les grenadiers et les blessés, méritent bien quelques grâces.

Je vous supplie de faire attention que j'ai été à Hoya de bonne volonté, n'étant point employé et tandis que tout le monde est à Paris. Si mon zèle ne me produit aucunes grâces ni distinctions, vous m'avouerez, Monsieur, qu'il serait plus commode d'être à Paris comme les autres. Je compte sur vos bontés et sur votre justice.

Je suis avec un profond respect, Monsieur, votre très humble et très obéissant serviteur.

CHABO.

M. de Cornillon au Ministre de la guerre.

Au camp d'Haltcusen, le 1er mars 1758.

Monseigneur,

J'ai reçu hier une lettre de Niembourg que m'a écrite M. de Saillard, aide-major du régiment des Gardes Lorraines, par laquelle il m'envoie l'état des officiers dudit régiment qui ont été blessés, ceux dont on n'a point de nouvelles et qu'on croit tués, ceux qui sont prisonniers et ceux qui restent présentement au corps, l'état des prisonniers lui a été envoyé par M. le prince Ferdinand, qui a marqué en même temps que M. le chevalier de Chastelard est resté à Hoya pour y recevoir ses ordres.

M. Saillard m'ajoute qu'il y a présentement à Niembourg, du régiment des Gardes Lorraines, 6 capitaines, 2 capitaines en second, 2 aides-majors, 8 lieutenants, 7 sergents, 102 hommes et 3 drapeaux; les circonstances présentes m'ont empêché d'avoir l'honneur de vous l'envoyer sur-le-champ.

J'ai l'honneur d'être avec respect, Monseigneur, votre très humble et très obéissant serviteur.

CORNILLON.

Copie de la lettre de M. de Chabo au Prince de Beauvau,
en date du 2 mars 1758.

Je crois que vous me rendés assez de justice, mon cher Prince, pour ne pas douter du chagrin que j'ai eu de voir piller votre équipage dans un endroit où le hazard m'avait fait commander dans le moment de l'attaque. Si les dragons que j'avais chargés des patrouilles avaient fait ce qu'ils devaient, j'aurais été averti du passage des ennemis. Il est incroyable (mais pas moins vrai) que des patrouilles laissent passer en plein jour sur un radeau quatre bataillons, après avoir ordonné aux dragons par écrit de faire des patrouilles de leurs quartiers qui étaient sur le bord de la rivière. Par surcroît de précaution, je fis partir devant moi l'aide-major du Mestre-de-Camp avec 40 dragons pour en faire une ; il trouva les ennemis, eut son cheval tué, fut pris. Pas un seul dragon n'eut l'esprit de venir nous avertir, et tous s'enfuirent dans la campagne.

Je n'ai pas pu couper le pont plus tôt à cause du transport de l'hôpital et des magasins. Je n'ai trouvé au malheureux Hoya ni matières combustibles pour brûler le pont, ni poudre, ni haches.

Jusques au pont-levis que l'on a laissé tout l'hiver du mauvais côté. Je n'ai eu que deux jours pour tout cela, et sans mon arrivée, les ennemis auraient trouvé tout tranquille comme en France et enlevé tous les quartiers qui ne se doutaient de rien.

Je ne puis trop vous dire de bien de la manière dont le régiment des Gardes Lorraines s'est battu. Ils ont fait des merveilles. Il faudrait bien obtenir quelques grâces pour le chevalier Dambly, qui a très bien fait et a été ruiné par la perte de son équipage, de même que M. Le Groing, commandant de bataillon. On vous aura sûrement envoyé l'état de la perte en officiers.

Je n'avais pas voulu signer la capitulation sans avoir les équipages des officiers que j'obtins, mais malheureusement, pendant l'action, les hussards et chasseurs avaient pillé et jamais il n'a été possible de leur faire rendre. Je suis au désespoir de cette avanture. Je vous prie d'être persuadé que je regrette beaucoup que la gloire que nous avons acquise soit à vos dépens et à ceux de votre brave régiment qui est ruiné. Je voudrais bien que ce fût une occasion plus agréable qui me mît à même de vous assurer, etc...

Signé : Chabo.

On vient de lire, écrits dans toute la sincérité ou l'animation des impressions du moment, les premiers témoignages conservés sur l'affaire d'Hoya. Il nous reste à considérer dans son ensemble cet épisode de la campagne, tel qu'il fut présenté par l'état-major de l'armée.

Si intéressant qu'il soit pour les annales du régiment, le vigoureux combat des Gardes Lorraines à Hoya, n'est cependant qu'une affaire de détail relativement à l'ensemble des opérations de la campagne de 1758. En revenant maintenant avec un surcroît d'informations sur ce combat, notre but n'est pas seulement de creuser le fait en lui-même, nous voudrions aussi donner, par contre-coup, un aperçu de l'état moral de l'armée et de l'attitude de ses chefs, le reflet de la situation générale semblant nécessaire pour donner sa vraie couleur à la belle conduite du comte de Chabo et de ses soldats lorrains.

Qu'on ne s'étonne donc pas si, dans cette intention, nous allons chercher nos documents jusque dans les billets autographes de la marquise de Pompadour. Conservés aux archives de la guerre dans les *Papiers Clermont*[2], ces petits billets sont des plus instructifs ; il semble presque, en les lisant, qu'on pénètre indiscrètement dans l'intimité royale, au centre des informations les plus secrètes. Le rôle usurpé par l'ambitieuse favorite se révèle là tout entier et, s'il est curieux de saisir au vif son sentiment sur la situation militaire, il l'est peut-être plus encore de constater l'activité de son intervention dans les questions de haut commandement et de personnel.

Le 28 février, alors que la nouvelle de l'offensive ennemie était venue alarmer la cour de Versailles, la marquise, de sa jolie écriture ronde et bien formée, mandait au comte de Clermont :

« Ah, Monseigneur ! quel désespoir votre lettre du 18 avait mis
« dans mon âme, je ne vous ennuyerai pas de tous les motifs qui
« le causaient, vous le scavez aussi bien que moi. Votre lettre du
« 20 me ranime et me fait espérer que vous tiendrez assez longtemps
« pour nous donner celui de faire nos arrangements avec nos alliés.
« Votre courage est connu et la résolution que vous paraissiés
« avoir pris, nous prouvait plus que tout, le mauvais état de l'armée.
« La santé délabrée de M. de Paulmy l'a engagé à demander sa
« retraite, le Roy a chargé M. le maréchal de Belisle de ce détail ;
« il voudrait bien avoir Cremille, mais ne vous est-il pas très né-
« cessaire ? Montazet, de Vaux travailleront en attendant que vous
« puissiez vous en passer. Duverney, Moumartel sont fort contents
« de cet arrangement, vous voilà donc assuré de votre argent et de
« vos subsistances. Vous l'êtes aussi de la prompte expédition et
« des détails militaires avec le maréchal, j'espère donc que tout
« va aller à merveille et, *si j'osais, je me flatterais que vous ne repas-*
« *serez pas ce vilain Weser. Qu'il m'a donné de chagrin ! Je le hais à*
« *mort.* Je vous suis attachée, Monseigneur, avec le même achar-
« nement.

« .... Depuis ma lettre écrite, Monseigneur, le sort de Cremille
« est décidé. M. le maréchal en a absolument besoin et a pris

<hr>

1. Les lettres dont nous parlons ont beaucoup voyagé, car la série de 196 volumes connue sous le nom de *Papiers Clermont*, emportée en Suède par Bernadotte, comme reliquat accidentel de son passage au ministère de la guerre, n'est revenue en France qu'en 1861, renvoyée gracieusement par la Cour de Stockholm.

« l'ordre du Roy pour le faire venir sur-le-champ. M. de Paulmy
« aidera le maréchal jusqu'à son arrivée. Il est en effet impos-
« sible qu'à son âge il soit chargé d'un travail aussi énorme. Le
« Roy n'a pas eu le temps de rouvrir sa lettre et m'ordonne de le
« mander à Monseigneur. »

2 mars 1758.

« Je suis on ne peut plus fâchée, Monseigneur, de l'histoire de
« Werden et je crains qu'elle ne soit suivie d'autres semblables.
« Le maréchal de Belisle s'est purgé pour être plus en état de tra-
« vailler et je ne l'ai pas vu depuis qu'il a reçu votre lettre, mais
« j'espère qu'il sera aussi ferme qu'il doit l'être. J'ai eu l'honneur
« de vous mander que Chevert était content, on va lui donner une
« forte gratification pour refaire son équipage. Je souhaite qu'il
« vous arrive avant, car je ne puis m'accoutumer à voir icy les mi-
« litaires employés à votre armée, quand les ennemis marchent à
« vous....

« Rien ne peut égaler, Monseigneur, mon tendre attachement
« pour vous. »

La correspondance échangée à cette époque entre l'intendant
Paris Duverney et son ami le marquis de Cremille dont, suivant
ce qu'écrit Mme de Pompadour, le nouveau ministre réclamait
impérieusement le concours, existe aussi aux archives. Assez âgés
et mal portants l'un et l'autre, ces deux personnages se commu-
niquaient, depuis plusieurs mois déjà, les appréciations les plus
tristes sur la situation générale. Nous n'en citerons qu'un exemple.

De Brunswick le marquis écrivait à l'intendant, le 16 novembre
1757 :

« .... Mes représentations de toutes espèces sur le mouvement
projeté et particulièrement sur l'état actuel de nos misérables troupes ont toutes échoué. Obtenez, je vous en conjure, obtenez que je
m'en retourne incessamment; ma présence est maintenant totalement inutile ici et j'y péris de douleur et de désespoir. Peut-il y
avoir aujourd'hui aucune apparence de pouvoir faire un plan de
campagne pour l'année prochaine? Pour moi, je me borne à sou-
haiter qu'il reste une armée au Roy, mais si les circonstances ne
nous favorisent pas au delà de mes espérances, j'ai bien lieu de
craindre un délabrement presque général de la plus belle et de la

seule armée que nous ayons. C'est dans votre sein seul que j'ose déposer ici le chagrin qui m'accable. »

Le 20 mars 1758, rappelé d'urgence à Paris, comme l'avait mandé la favorite, et un moment arrêté dans un relais à Gournay, par un accident arrivé à sa voiture, le même officier écrivait à son ami Duverney :

« Lorsque je suis parti de l'armée, j'ignorais avec elle que M. le maréchal de Belle-Isle eût joint le titre aux fonctions qu'il ferait de secrétaire d'État de la guerre et c'est d'après cela qu'hier suivant le conseil de M. le comte de Clermont, j'écrivis à Mme la marquise de Pompadour pour lui demander la permission d'aller descendre, à mon arrivée à Versailles, à la porte de son appartement. Mon objet en cela était d'avoir une explication avec elle, avant de voir M. le maréchal.... »

Ces quelques extraits de lettres du temps suffisent à laisser entrevoir les coulisses de Versailles et montrent assez le peu de confiance inspirée en haut lieu par la situation militaire. Le contraste rehausse d'autant la valeur des preuves d'énergie et de bravoure, qu'il est consolant de voir donner par les combattants dans plusieurs affaires de cette même campagne. Revenons donc au Weser et à ses rives, tantôt glacées, tantôt bourbeuses, en cette saison si dure pour nos soldats dans l'état de délabrement où un ennemi bien outillé les surprenait.

Lorsqu'il fut attaqué, le poste de Hoya dépendait du commandement supérieur confié depuis peu au comte de Saint-Germain, le futur ministre dont on connaît les tentatives de réformes plus ou moins heureuses, mais qui fut, en tout cas, l'un des officiers généraux sortis de la guerre de Sept ans avec le meilleur renom de capacité et de fermeté. Nul ne possède, par conséquent, plus d'autorité pour exposer les préliminaires et les premières conséquences du combat du 23 février. Voici la majeure partie de son rapport :

A Vechte, le 27 février 1758.

Monseigneur,

Je suis arrivé hier ici, une partie de l'infanterie n'est arrivée qu'à 11 heures du soir et elle est si harassée que j'ai cru devoir la laisser reposer aujourd'hui ; cela me donnera le temps de me défaire des éclopés et des malades que j'ai envoyés sur Osnabrug. Je n'ai pas cessé de marcher depuis le 24 pour pouvoir rejoindre V. A. S. et lui être utile. Comme nous sommes suivis par un gros corps de troupes légères et de cavalerie, nous avons perdu presque tous nos équipages, que nous avons sacrifiés volontiers, dans la vue de sauver les troupes du Roy et de nous rendre utiles à son service. J'envoie aujourd'hui la cavalerie et les dragons en avant, ils me sont inutiles parce qu'ils n'ont ni bottes, ni selles, ni armes. Je marcherai demain à Dam et successivement entre Osnabrug et Minden, je voudrais pouvoir me jeter dans ce dernier endroit; les chemins sont si horribles que l'infanterie met dix heures à faire quatre lieues et il faut encore faire de fréquents et longs circuits à cause des marais....

V. A. S. éprouve peut-être par elle-même combien il est malheureux d'être la victime des fautes d'autrui. Une armée dispersée sur 80 lieues de pays vis-à-vis d'une armée ennemie qui peut se rassembler dans deux fois vingt-quatre heures, aucune communication entre les troupes qui étaient toutes séparées par des inondations, pas un poste mis en sûreté, nulles précautions d'aucun genre, les postes les plus importants comme Verden, tout ouverts sans qu'on y aye remué une pelletée de terre, une armée habituée à l'indiscipline, au brigandage, à la désobéissance, voilà les véritables causes de notre malheur ; V. A. S. aura le temps de reconnaître tout cela.

Je suis arrivé le 15 à Bremen, M. le duc de Broglie n'en est parti que le 19 ; je ne pouvais rien changer à ses dispositions sous ses yeux, si même je les eus trouvées défectueuses. M. de Beauffremont commandait à Verden, Rottenbourg était aussi à ses ordres, on avait posté Perigord et Cambresis du côté de Langwedel pour lui prêter la main. Le 18, Rottenbourg fut investi l'après-midy, M. de Beauffremont partit de Verden le 19 et passa incognito le 20 par Bremen, sans dire un mot à personne. M. de Saint-Chamans qui prit le commandement abandonna Verden le 21 après midi. Je reçus le même jour au matin les ordres de V. A. S. qui mettaient M. de Saint-Chamans et la garnison de Verden à mes ordres, je n'eus que le temps de les recevoir aux environs de Bremen sur lequel ils marchaient sans s'arrêter. Comme il n'était pas possible de reprendre poste à Verden, je portais toute mon attention sur Hoya. J'y avais envoyé, dès le 20, M. de Chabo pour y commander, il n'y trouva aucunes dispositions d'aucune espèce, les hôpitaux, les magasins et autres établissements étaient sur la rive droite du Weser, il fit tout transporter sur la rive gauche. Je lui envoyai 24,000 cartouches et des matières combustibles pour brûler son pont, comme il me l'avait demandé, cela marcha jour et nuit. Je fis marcher les régiments de Perigord et Cambresis à Sust(?), à 4 lieues d'Hoya, pour le soutenir en cas de besoin, j'envoyai ordre au régiment de Champagne de se porter aussi sur Hoya et Nienbourg, si M. de Chabo les y demandait. Je fis partir le 23 M. de Saint-Chamans, pour se rendre à Hoya et à Nienbourg. J'étais gêné pour la marche et la position des troupes par l'ordre que les régiments allemands avaient de partir et il me fallait compasser toutes choses pour ne pas me trouver seul ; j'envoyai le régiment de Nassau-Usingen prendre poste sur la digue de la partie gauche du Weser, avec ordre de le pousser jusqu'à l'embouchure de l'Aller, les inondations les en empêchèrent, il me fallait encore un jour ou deux pour trouver des chemins à travers les inondations. Les régiments d'Harcourt et de Mestre-de-Camp devaient patrouiller sur toute la gauche du Weser, ils prétendent que les inondations les en ont empêchés, il est vrai qu'il n'y avait nulle communication.

Le prince de Brunswick, conduit par des paysans, passa le Weser dans des bateaux et sur des radeaux et passa à travers les marais ; des patrouilles de dragons qui escarmouchèrent avec eux n'avertirent personne, d'autres furent enlevées ; une passa à 20 pas des ennemis sans les apercevoir, ils s'étaient mis ventre à terre au bas de la digue et la patrouille ne se donna pas la peine de monter sur la digue et longea seulement l'autre côté. Nous savons ce fait du prince de Brunswick même. Je laisse à M. de Chabo le reste du détail de sa malheureuse aventure.

J'en fus informé le 24 à 5 heures du matin, je jugeai d'abord que le prince héréditaire de Brunswick ne pouvait être là qu'avec un très gros corps et que si je n'évacuais pas Bremen, j'y serais immanquablement enfermé. J'envoyai l'ordre à tous les régiments de se rassembler à Bossum, pour se porter ensuite sur Vildhausen, si nous étions pressés par un corps supérieur. Je ne pus arriver à

Bossum le 24 qu'à 10 heures du soir ; j'y appris par deux officiers des volontaires royaux qui revenaient d'Hoya en droiture, que les ennemis y étaient en grande force et que le prince Ferdinand avait passé l'Aller au-dessus de Verden le 23. Je crus ne devoir plus marcher sur Hoya, où je n'aurais pu arriver que le 25 dans la nuit, c'est-à-dire deux jours après que les ennemis s'en étaient rendus maîtres.....

M. de Chabo et le chevalier de Lemps, lieutenant-colonel du régiment de Bretagne, se sont conduits, à l'attaque d'Hoya, avec la plus grande valeur et toute la sagesse possible ; ils méritent les plus grands éloges et les grâces du Roy. Nos troupes y ont fait tout ce que l'on pouvait attendre du plus grand courage, elles ont beaucoup perdu d'hommes et d'officiers, et tous leurs équipages.

Saint-Germain.

De Bossum où il avait d'abord rassemblé ses troupes, M. de Saint-Germain avait regagné la route de Brême à Osnabrück ; le 25 il était à Wildeshausen, le 26 à Vechte d'où il arriva à Osnabrück par Cappeln, le 1er mars. Le comte de Chabo rallia son chef sur cette même route avec ce qui restait des braves défenseurs du réduit d'Hoya et c'est ainsi que son premier compte rendu du 26 février, que nous avons reproduit, est daté de Visbeck, village situé à moitié route entre Wildeshausen et Vechte. Parvenu à Osnabrück, il rédigea le rapport plus complet, auquel se réfère d'avance M. de Saint-Germain dans celui qu'on vient de lire. Armé de ces deux pièces, le comte de Clermont rendit compte à son tour au ministre le 11 mars. Voici le début de sa lettre, moins le plan qui l'accompagnait et qui ne se retrouve plus, mais avec le rapport entier du comte de Chabo.

Au camp sous Hamelen, le 11 mars 1758.

Je vous envoie, Monsieur le Maréchal, des détails sur l'affaire d'Hoya. Vous y verrez celui de M. de Chabo avec un plan qui l'accompagne et un autre détail de moy, sur ce que j'ai recueilli de plus certain tant par M. de Saint-Germain que par d'autres. Il est difficile de se conduire avec plus de bravoure et de hauteur qu'a fait M. de Chabo. J'espère que le Roy sera content aussi de la conduite digne et valeureuse de M. le chevalier de Lemps. Voilà le cas de faire des grâces marquées et promptes. Ainsi je supplie Sa Majesté de faire M. de Chabo maréchal de camp et M. de Lemps brigadier. S'il me venait des détails sur d'autres officiers qui ayent véritablement mérité, je demanderai pour eux, et jamais il n'y aura de partialité de ma part ni pour les grâces ni pour les punitions.

Je vais donner ordre qu'on mette en prison M. de Beague, capitaine au régiment d'Harcourt, et je n'attens qu'une plus grande suite d'éclaircissements pour le faire casser ainsi qu'il le mérite selon l'exposé que je vous envoye.....

Louis DE BOURBON.

Osnabrug, le 3 mars 1758.

« Les arrangements de la Cour ayant destiné M. le duc de Broglie pour commander à Cassel, M. le comte de Saint-Germain prit le commandement de Bremen le 19 février et fut chargé par M. le comte de Clermont de la défense du Weser depuis Bremen jusqu'à Nienbourg.

L'armée hanovrienne était rassemblée le 14 et une colonne de cette armée attaqua le 15 le château de Rottenbourg qui a fait une belle défense et a capitulé au bout de cinq jours ; ce poste ne valait rien du tout et a été défendu par M. Gaultier de la Motte, capitaine au corps des volontaires royaux, avec 150 hommes.

Le 20, cette même colonne se porta sur Verden qui fut évacué à 6 heures du soir par M. le marquis de Saint-Chamant.

Le 21, M. de Saint-Germain pria M. le comte de Chabo de se porter de sa personne à Hoya, où il n'y avait point d'officier supérieur, pour voir l'état de ce poste où il ne pouvait point aller lui-même vu le peu de temps depuis lequel il était arrivé et les différents objets très importants qui le retenaient à Bremen ; il y a dix grandes lieues et des chemins affreux depuis Hoya jusqu'à Bremen. M. de Chabo, à son arrivée, trouva les hôpitaux, magasins et fours établis à la rive droite du Weser, de même que plusieurs quartiers des dragons du Mestre-de-Camp répandus dans les villages ; il donna sur-le-champ des ordres pour faire passer à la rive gauche tous les établissements que l'on avait très mal à propos laissés jusqu'à ce moment à la droite. Il envoya en diligence à Bremen chercher des munitions, des outils pour couper les ponts et des matières combustibles ; il fit en diligence planter des palissades pour couvrir la tête du pont, n'ayant pas le temps de faire d'autres ouvrages ; il alla lui-même avec des détachements de dragons reconnaître jusqu'à la porte de Verden et faire détruire tous les bateaux.

Il envoya des ordres par écrit aux quartiers des dragons du Mestre-de-Camp et d'Harcourt qui bordaient le Weser de faire des patrouilles et chargea M. le chevalier de Meniglaise, lieutenant-colonel du Mestre-de-Camp, de veiller à cette partie. Le 23, à midi, une patrouille de dragons fut enlevée, les dragons qui s'en échappèrent vinrent avertir que l'ennemi s'avançait le long de la rive droite du Weser. M. de Chabo alla les reconnaître, l'escarmouche fut vive ; il fit tirer du canon, les ennemis y répondirent avec 8 pièces. Dès que M. de Chabo les eut vus en force, il se battit en retraite pour amuser l'ennemi et avoir le temps d'achever l'évacuation et de couper le pont après ; il avait fait préparer les maisons qui bordaient le pont pour être enflammées dans un instant et, au moyen de cet incendie, de la palissade plantée et des feux préparés à la rive gauche du Weser, il avait tout le temps d'achever de couper le pont et d'y attacher les matières combustibles qui venaient seulement d'arriver de Bremen.

A six heures du soir, une colonne de quatre bataillons, commandée par le jeune prince héréditaire de Brunswick (laquelle avait passé le Weser sur des *rats d'eaux* sans que les patrouilles l'ayent vu comme il sera expliqué), attaqua les postes du village à la rive gauche et les replia jusqu'au pont.

M. de Chabo, pour parer à cette attaque imprévue, y porta promptement 4 compagnies de grenadiers qui enfoncèrent à coups de bayonnette les ennemis jusqu'à trois fois ; pendant ce temps-là, le reste des troupes soutenait l'autre attaque derrière la palissade de la tête du pont, les compagnies de grenadiers réduites à 7 ou 8 hommes chacune, presque plus d'officiers, furent obligées de se retirer; alors M. de Chabo replia toutes les troupes en bon ordre dans une espèce de masure qui servait de magasin à foin, à laquelle aboutissait la palissade plantée la veille; il y tint deux heures quoique tout ouvert, battu par 8 pièces de canon et prêt à être emporté d'assaut par 10 bataillons soutenus de 9 escadrons. Il demanda à capituler, le prince de Brunswick voulut l'avoir prisonnier de guerre, ou au moins qu'il ne servît pas d'un an ; M. le chevalier de Lemps, lieutenant-colonel de Bretagne, qui était allé pour la capitulation, l'assura par ordre de M. de Chabo qu'il aimait mieux être emporté d'assaut que de subir aucune de ces conditions. Le prince répondit en propres termes : « Je connais le général Chabo, il nous a battus à Billefeld et à « plusieurs autres affaires cette campagne, il le ferait tout comme « il le dit, je ne veux point le voir périr avec tous ses braves sol- « dats et perdre beaucoup des miens ; il a déjà mon estime, je « veux qu'il aye mon amitié et avoir la sienne, je lui accorde tout « ce qu'il voudra à l'exception du canon des Gardes Lorraines et « des prisonniers pris pendant l'action. » La capitulation fut signée à ces conditions et les troupes sont retournées libres à Bremen ; les officiers ont beaucoup perdu d'équipages pris pendant l'action qu'on n'a pas pu faire rendre.

Il a fallu, pour que cette action réussisse au prince de Bruns-wick, que les patrouilles de dragons ayent été très mal faites.

Le prince de Brunswick a dit lui-même à M. de Chabo, devant tous les officiers, qu'une patrouille de dragons était venue sur le bord de la rivière, qu'il avait fait coucher son infanterie derrière la digue ; les dragons n'ayant pas monté dessus ne l'avaient pas vue. M. de Chabo, se méfiant de ses patrouilles, en avait fait par-tir encore une de 40 dragons commandée par l'aide-major du régi-ment du Mestre-de-Camp, officier auquel il avait confiance, il fut pris et pas un seul dragon n'eut l'esprit de venir au quartier aver-tir ; ils s'enfuirent tous dans la campagne, c'est une chose in-croyable et un fait vrai.

M. de Chabo n'a été averti que ces 4 bataillons passaient sur un *rat d'eau* que dans le moment qu'il a été attaqué malgré toutes les précautions imaginables ; dans ce pays-là, on ne trouverait pas un espion tant ils sont attachés à leurs souverains ; les paysans ne laissent passer aucun déserteur qu'on pourrait envoyer aux nou-velles et ils ont enlevé tous les courriers depuis quelque temps ; ainsi il n'a pas pu couper le pont plus tôt, parce qu'il fallait le temps d'évacuer les hôpitaux, qu'il aurait été honteux d'abandonner avant que les ennemis vinssent l'attaquer et, sans cette attaque imprévue de la rive gauche, il avait du temps de reste au moyen du retranchement, de l'incendie des maisons et des matières combustibles qu'on achevait d'attacher au pont, qui était même à moitié coupé lors de la dernière attaque.

Il n'y avait pour cette défense que le régiment des Gardes Lorraines qui avait environ 600 combattants, deux compagnies de grenadiers et deux piquets du régiment de Bretagne, et environ 100 dragons. *Ces troupes ont fait des merveilles,* surtout M. le chevalier de Meniglaise, tué, 4 officiers des Gardes Lorraines tués, 23 de prisonniers dont 18 blessés, 5 de Bretagne blessés et pris, quelques-uns du Mestre-de-Camp, environ 300 soldats tués ou blessés. Les compagnies de grenadiers sont revenues à 7 ou 8 hommes. Le jeune prince de Brunswick est un homme fort aimable qui a eu toutes les attentions imaginables pour les officiers blessés et pris.

Les dragons d'Harcourt ne s'étant point assemblés quoiqu'ils fussent avertis, ont perdu beaucoup d'équipages en se retirant sur Bremen.

M. le comte de Saint-Germain n'avait pas pu envoyer davantage de troupes à Hoya, n'en ayant que ce qu'il fallait pour la garnison de Bremen; il y faisait marcher en diligence ce qui venait de Verden et des environs ainsi que le régiment de Champagne venant d'Osnabrug, mais ces troupes n'ont pas pu arriver à temps.

Les dragons ne pouvaient presque rien faire, ayant à peine cent hommes armés et équipés, toutes leurs armes étant chez les ouvriers à réparer; il y a des compagnies qui n'avaient pas un fusil.

M. de Saint-Germain ayant appris cette nouvelle a évacué Bremen le 24, crainte d'y être investi par les troupes passées à Hoya d'un côté et par celles de la basse Voumme de l'autre, il s'est replié sur Osnabrug pour être à portée de joindre M. le comte de Clermont, de couvrir la retraite des troupes de l'Ost-Frise ainsi que la communication de Wesel. D'ailleurs il ne pouvait pas avoir de pain ailleurs qu'ici, ni faire camper ses troupes, aucun régiment n'ayant ses tentes faites; la saison est affreuse et on n'a pas de magasin.

On a perdu par la grande indiscipline de nos troupes beaucoup de traîneurs qui s'écartaient pour piller, et quelques équipages par la négligence des valets qui n'ont pas suivi la colonne.

Une sorte de journal de campagne, manuscrit rédigé par un officier de Royal-Pologne-cavalerie[1], raconte avec plus de détails encore la scène finale de la défense d'Hoya, dont on parla beaucoup dans l'armée.

On y lit :

« ... M. de Chabo fait rappeler et envoie M. le chevalier de Limps, lieutenant-colonel de Bretagne, au prince de Brunswick.

Ce prince représenta d'abord la nécessité de se rendre vu la position. Celui-ci lui répondit fermement que l'on savait en France avaler un verre de poison quand il le fallait. Qu'appelez-vous un verre de poison ? lui dit le jeune prince. C'est, dit M. de Limps, mourir glorieusement les armes à la main, et M. de Chabo et moi y sommes tout décidés si vous ne nous accordez des conditions honorables.

Le prince, qui ne se souciait pas de sacrifier ses troupes et qui d'ailleurs savait qu'il venait un autre général hanovrien sur qui cette affaire roulerait, voulut la terminer tout de suite pour en avoir toute la gloire ; il répondit fort poliment à M. de Limps : « Je connais la réputation de M. de Chabo, je sais de quoi il est capable, je ne veux point le sacrifier, aussi dites-lui qu'il vienne me trouver, et qu'il sera content. »

M. de Chabo vint, et on lui accorda de se retirer lui et ses troupes avec les honneurs de la guerre, le prince lui dit les choses les plus obligeantes, qu'il estimait les braves gens, qu'il faisait cas de son amitié, et qu'il était enchanté d'avoir fait sa connaissance ; il le questionna ensuite sur ce qu'il pensait de son entreprise et de sa manœuvre d'avoir passé sur des radeaux, il convint qu'elle était un peu téméraire, et il lui dit en riant : « Elle est d'un jeune homme de 23 ans, il faut lui pardonner. » M. de Chabo lui répondit : « A votre âge, mon prince, on est bien fait pour enchaîner la Fortune ; cela vous a réussi, mais croyez-moi, ne vous y fiez pas toujours, cette déesse est capricieuse. »

Effectivement, si quelqu'une des patrouilles que M. de Chabo avait envoyées à la découverte du côté où le prince passait sur des

---

1. Ce manuscrit, qui nous a été signalé par M. le commandant Grandin, est conservé à la bibliothèque de Rennes ; celle-ci a bien voulu nous en laisser prendre une copie par l'obligeant intermédiaire de M. le général Grisot.

radeaux, fût revenue à Hoïa, M. de Chabo en faisant sortir des troupes, aurait bien dérangé sa manœuvre et empêché son passage. Parmi ces troupes d'Hoïa, une partie au commencement de l'attaque s'était portée à l'entrée et au débouché des rues et avait soutenu l'effort des ennemis si vigoureusement que ses régiments furent écrasés. Les Gardes Lorraines de 2 bataillons, fort faibles à la vérité par leur nombre, perdirent si considérablement qu'ils furent réduits à 130 hommes, une partie du régiment Mestre-de-Camp dragons, qui s'était jeté dans Hoïa, souffrit aussi beaucoup et même le lieutenant-colonel, M. de Meniclès, y fut tué. Les débris de toutes ces troupes se trouvèrent comme ils purent du côté de Niembourg, d'autres de différents côtés. Quant à M. de Chabo, et à celles pour lesquelles il avait capitulé, il se retira avec tous les honneurs et fut joindre M. de Saint-Germain du côté d'Hosnabruck.

Les ennemis, après l'affaire d'Hoïa, se portèrent tout de suite sur Niembourg, où les volontaires de Flandre et d'Hainaut, avec un bataillon de grenadiers royaux, étaient postés ayant avec eux quelques débris d'Hoïa.

Comme les ennemis marchaient en force, les troupes de Niembourg songèrent à se retirer. Le 25, elles se mirent en marche pour Minden et M. de Morangies, qui commandait dans cette place, envoya au-devant un bataillon de grenadiers royaux pour se porter à une certaine distance et faciliter la retraite des équipages. Ce fut fort à propos, car les ennemis suivirent les troupes qui évacuaient Niembourg ; de la cavalerie hanovrienne les serrant même de très près. Le bataillon de grenadiers royaux se trouva posté de façon que cette cavalerie tomba dessus en poursuivant les volontaires d'Hainaut ; il fit une salve qui tua plusieurs chevaux et cavaliers hanovriens, ce qui empêcha leur poursuite.

Le 26 à Hervorde nous apprîmes le détail de l'affaire d'Hoya, telle que je l'ai racontée, par différents officiers qui en avaient été et qui se retiraient, les uns blessés, les autres malades. Il nous passa beaucoup de domestiques qui s'étaient sauvés, une partie des caissons qui avaient échappé au pillage. Tout cela arrivait par débris, par lambeaux à Hervorde pour se retirer sur les derrières. On ne peut pas voir un tableau plus fidèle de la terreur et du désordre le plus complet. »

En résumé, car l'absence d'un plan détaillé d'Hoya nuit à la clarté de ces différents récits, la prise de ce poste fut due à l'attaque inattendue prononcée par le prince de Brunswick sur la rive gauche, après qu'il eut passé, sans être signalé, le Weser à Barmen qui n'est guère qu'à 6 kilomètres au-dessous d'Hoya.

Bien que le comte de Chabo eût résolu, dès son arrivée [1], d'évacuer la rive droite et de brûler le pont, c'est cependant sur cette rive qu'il fut ramené après plusieurs contre-attaques très vigoureuses et obligé de s'enfermer, avec ses grenadiers et des dragons à pied, dans l'ancien château servant de magasin à fourrage. Cette espèce de réduit mal palissadé s'élevait du côté droit de la route, immédiatement au débouché du pont sur la rive droite.

Pendant que le comte de Chabo concentrait là sur lui et sa petite troupe, les principaux efforts de l'ennemi, une partie de la garnison réussit en combattant à se faire jour par la rive gauche et c'est ainsi, comme on l'a vu déjà, que le capitaine Gourmond parvint à Niembourg avec 18 officiers, 3 drapeaux et 109 hommes du régiment des Gardes. D'autres combattants, officiers ou soldats, et des non-combattants réussirent à s'échapper isolément çà et là. Quant aux défenseurs du réduit, ils se retirèrent fièrement le fusil sur l'épaule en vertu de la capitulation dont voici le texte.

Capitulation.

Entre S. A. S. le prince héréditaire de Brunswick et Lunebourg, d'un côté, et de l'autre le comte de Chabo, brigadier des armées du Roy, commandant le corps des Volontaires-Royaux, grand louvetier de Lorraine et de Bar.

---

1. Il en rendit compte dès le 22 février au comte de Clermont, mais les pièces sont si nombreuses qu'elles ne peuvent toutes trouver place ici. Notons cependant qu'on lit dans sa lettre :

« ... J'ai renforcé le poste d'Hoya avec des grenadiers et piquets du régiment de Bretagne.

Je viens d'aller moi-même avec un détachement tout le long de la rive droite du Veser jusqu'auprès de Verden. Je n'ai trouvé personne des ennemis de passé. L'inondation est encore assez forte. Il serait difficile à des troupes de passer l'Aller, mais les eaux diminuent et le chemin sera praticable dans quelques jours.

J'ai appris que les ennemis ont environ 3,000 à 4,000 hommes dans Verden. Il y a dans ce nombre des houzards prussiens qui sont en mauvais état et les chevaux très maigres de même que ceux de la cavalerie hanovrienne ; ils manquent de fourrage et ont manqué de pain.... »

1° La garnison sortira avec les honneurs de la guerre et bagages des officiers.

2° Qu'après la signature de la présente elle se rendra tout de suite *à la destination qu'elle jugera à propos*, et il ne sera commis aucun acte d'hostilité de part et d'autre qu'elle ne soit rendue à sa résidence ; le détachement du régiment de Bretagne qui doit venir au secours de cette place sera également compris dans cet article.

3° M. le comte de Chabo engage sa parole d'honneur de faire remettre les canons et toutes les munitions de guerre et de bouche et tous les effets appartenant au Roy, dont un officier sera chargé de remettre des états et tous renseignements à Son Altesse Sérénissime.

4° Tous les prisonniers faits pendant l'action, tant officiers que communs seront traités comme tels, mais tous les aumôniers, chirurgiens et valets d'officiers seront relâchés.

En foi de quoi, Son Altesse Sérénissime et le comte de Chabo ont signé la capitulation ci-dessus.

Fait à Hoya, le 23 février 1758, à 9 heures du soir.

Signé :

Charles, Prince DE BRUNSWICK et DE LUNEBOURG.

Le ministre répondit, courrier pour courrier, au comte de Chabo dont « les habits avaient été criblés de coups et les valets tués à ses côtés » :

A Versailles, le 14 mars 1758.

M. le marquis de Paulmy m'a remis la lettre que vous lui avez écrite d'Osnabruck le 11 de ce mois et la relation qui y était jointe de la défense et de la capitulation que vous avez faite à Hoya. Je l'ai fait voir au Roy et Sa Majesté m'a paru si contente de la bravoure avec laquelle vous vous êtes comporté dans cette occasion, que je crois pouvoir vous assurer que vous recevrez dans peu des marques distinguées de sa satisfaction. Vous devez être bien persuadé du plaisir que j'aurai à vous les procurer.

J'ai l'honneur d'être, etc.

Si l'énergique commandant d'Hoya ne s'oubliait point, car il a laissé de multiples traces de l'activité de sa plume en cette circonstance, le régiment des Gardes avait de son côté à Versailles un avocat persévérant dans la personne du prince de Beauvau ; il en avait grand besoin pour se rétablir.

Le maréchal de Belleisle, devenu ministre, écrivait le 4 mars au comte de Clermont : « ... Il est fâcheux qu'un aussi bon régiment que celui des Gardes Lorraines ait été détruit avec aussi peu de fruit...

« Tous les officiers généraux ont reçu l'ordre, ainsi que tous les colonels, de partir sans délai. J'ai également écrit dans toutes les provinces à tous les intendants pour avertir les officiers particuliers et on va presser l'envoi de tout le reste. »

Ces mots du ministre et l'exclamation de Mme de Pompadour, dans sa lettre du 20 mars, peuvent donner une idée de la situation où l'abus des congés de quartier d'hiver avait mis l'armée, lors de l'offensive inopinée de l'ennemi. Déjà lorsqu'il franchissait la frontière pour rejoindre son poste, le comte de Clermont en avait été scandalisé. « On m'a assuré, mandait-il de Strasbourg le 7 février, que si j'avais besoin de chariots de poste le long de la route, il ne s'en trouverait pas, les officiers, dont il retourne grand nombre à Paris, les ayant tous pris sans payer et de force. Il ne faut pas s'abuser, ces choses sont montées à un point que si elles continuaient sur ce ton-là, le Roy n'aurait plus d'armée, mais j'emploierai tout pour y mettre ordre. »

Que restait-il donc du « bon régiment des Gardes Lorraines » dont le nouveau ministre regrettait la ruine ? Nous n'avons pas trouvé, quant à la troupe, de renseignement complet à ce sujet et il n'est pas facile de savoir au juste ce qu'elle a perdu de soldats ; pour les officiers la question est naturellement plus claire. Pour ceux de nos lecteurs qu'intéresserait cette longue étude de détail, nous essaierons de discuter quelques chiffres.

L'ordonnance du 1er août 1755 avait porté chaque bataillon d'infanterie à 17 compagnies, y compris celle des grenadiers ; la compagnie comptait 40 fusiliers, ou 45 grenadiers, avec 2 officiers : 1 capitaine et 1 lieutenant. L'état-major du régiment comprenait 4 officiers, plus l'aumônier et le chirurgien, et celui du bataillon se composait d'un commandant de bataillon et d'un aide-major.

Enfin il y avait deux enseignes par bataillon, avec rang de lieutenant, pour porter les drapeaux. Le régiment des Gardes Lorraines, fort de deux bataillons, devait avoir par conséquent 78 officiers combattants. Sa situation au 1er février 1758 indique 81 officiers, dont 12 capitaines, 13 lieutenants et 3 officiers de l'état-major sont en congé; restaient 54 officiers présents, chiffre qu'on trouvera sans doute encore relativement considérable, mais le colonel et 12 capitaines n'en faisaient pas moins défaut.

826 soldats sont présents, 20 en congé, 385 aux hôpitaux, 2 prisonniers de guerre. Pendant la campagne, 127 hommes sont morts aux hôpitaux et 3 ont déserté.

Parmi les régiments à 2 bataillons de l'armée du Bas-Rhin, il n'en est guère à cette date d'un plus faible effectif de présents.

Après le combat d'Hoya, les survivants des Gardes Lorraines se trouvèrent partagés en quatre groupes, sans compter les hommes aux hôpitaux ou en congé : le premier, composé surtout du reste des grenadiers, était sorti avec M. de Chabo, le second s'était replié sur Nienbourg sous le capitaine Gourmond, le troisième était prisonnier de guerre; dans le quatrième nous rangerons en bloc tous les militaires parvenus à s'échapper isolément, sans qu'on sût d'abord ce qu'ils étaient devenus.

Un état des troupes qui ont défendu Hoya, adressé le 11 mars au ministre de la guerre par le comte de Clermont à l'appui du rapport d'ensemble que nous avons reproduit, ne contient que les indications numériques suivantes :

Les deux bataillons des Gardes Lorraines avaient à peu près 500 hommes sous les armes.

Il y eut environ 260 soldats des Gardes pris, 25 ou 30 de Bretagne.

Les ennemis ont perdu près de 300 hommes de leur propre aveu et beaucoup d'officiers, entre autres le major des gardes de Brunswick.

Aucune indication précise n'est donnée du chiffre de nos morts, sauf pour les officiers qui ont eu cinq tués, dont quatre des Gardes Lorraines.

Le comte de Chabo se borne à accuser un total de 300 soldats tués ou blessés, mais il attribue 600 combattants au régiment des Gardes. En calculant sur ce dernier chiffre, il aurait dû revenir 340 hommes, les 260 prisonniers déduits; or, 138 hommes seulement sont arrivés à Nienbourg, en y ajoutant une vingtaine de grenadiers et une trentaine d'hommes dispersés (chiffre hypothétique), on ne trouve qu'environ 190 hommes revenus d'Hoya, et l'on doit conclure que les Gardes Lorraines ont laissé sur le terrain 150 de leurs soldats, soit un homme sur quatre.

En ce qui concerne les officiers, l'ennemi se prêta de bonne grâce à renseigner le régiment, les deux lettres suivantes en font foi ; la première est adressée au comte de Clermont.

A Nienbourg, le 25 février, à 8 heures et demie du soir.

« Monseigneur,

« M. de Brulard, à la prière de Messieurs des Gardes de Lorraine, a envoyé un tambour à Hoya pour savoir le sort des officiers de ce régiment. J'ai l'honneur d'envoyer à Votre Altesse la réponse que lui a faite le prince Charles de Brunswick avec l'état des officiers des trois régiments qui ont été blessés ou pris, mais je ne conçois pas ce qu'il entend par les officiers retirés avec les grenadiers, car, sur le rapport de ceux qui sont ici, les grenadiers occupaient une grosse maison sur la rive droite du Weser et on a entendu rappeler..... VOGUÉ. »

A Hoya, le 24 février 1758.

« Monsieur,

« C'est avec bien du plaisir que je satisfais aux désirs de Messieurs des Gardes Lorraines et de ceux du Mestre-de-camp-général des dragons. Les cy-jointes listes les mettront au fait de ce que leurs régiments ont perdu.

« J'ai chargé M. de Bourdon d'avoir soin des papiers que l'officier major du Mestre-de-camp-général rappelle et s'ils se trouvent, comme je l'espère, l'on ne manquera pas de vous les remettre incessamment.

« J'ai l'honneur d'être, Monsieur, votre très humble serviteur.

« *Signé :* CHARLES,

« Prince de Brunswick et de Lunebourg. »

Suivait un « état des officiers français tant blessés que prisonniers de guerre » ; pour les régiments on y trouve comme blessés trois capitaines dont un très grièvement et deux lieutenants ; les prisonniers sont au nombre de six, dont trois capitaines. L'état se termine ainsi :

« Retirés avec les grenadiers : MM. de Grouin, Dambly, Daudiffret, Dudehés et Vaugrand. M. de Chastelard est resté à Hoya par ordre de M. de Chabo pour recevoir les ordres de S. M. S. le prince. »

Ce dernier officier était le major du régiment.

A l'aide de ce renseignement fourni par l'ennemi, M. de Cornillon, major-général de l'infanterie, put envoyer le 1er mars au ministre un état nominatif des 52 officiers présents au début de l'affaire, indiquant ce que l'on savait sur chacun d'eux. Cinq officiers étaient sortis avec le comte de Chabo, dix-huit étaient arrivés à Nienbourg, onze dont cinq blessés étaient prisonniers, le major était provisoirement resté avec eux à Hoya. Le corps était encore sans renseignements sur le sort de 17 autres officiers dont 6 capitaines, et on les croyait tués. L'examen des contrôles ultérieurs proùve que bon nombre de ces 17 officiers ont survécu et rallié le régiment, et en effet M. de Chabo, sorti le dernier d'Hoya, ne compte que quatre officiers tués dans l'action, mais plusieurs officiers blessés succombèrent plus tard aux suites des blessures qu'ils avaient reçues.

Malheureusement le régiment n'en avait pas fini avec les conséquences désastreuses de l'affaire d'Hoya. Le groupe principal qui s'était jeté dans Nienbourg sous le commandement du capitaine de Gourmond, ne put quitter ce poste intenable assez tôt pour rallier les grenadiers. Sorti de Nienbourg par capitulation avec la garnison, il fut obligé d'entrer dans Minden déjà bloqué et où il arriva le 2 mars. Le marquis de Morangies, lieutenant-général commandant cette dernière place, en rendait compte en ces termes :

A Minden, le 2 mars 1758, à 6 heures du soir.

« Monseigneur,

« Dans le moment que j'écris à Votre Altesse Sérénissime, la garnison de Nienbourg arrive après avoir capitulé avec les ennemis. Le principal article de la capitulation est qu'ils sont libres de se retirer à l'armée sous Minden, ou au premier poste de l'armée française. Cet article semble m'autoriser à garder ici cette garnison et j'ai grande envie de la faire servir à ma défense ; je ne doute pas d'être investi demain au matin, mais Votre Altesse Sérénissime peut compter que je ne me rendrai qu'à l'extrémité, etc. »

La garnison de Nienbourg fut en effet malheureusement gardée dans Minden, où, sans doute, l'ennemi l'avait conduite à dessein, dans l'espérance de l'y reprendre. D'après un état du 25 février, elle comprenait sous les ordres de M. Bruslard, lieutenant-colonel de Lyonnois :

2 bataillons de Lyonnois, faisant 1,000 hommes en état de servir ;

138 hommes des Gardes Lorraines et 17 officiers ;

342 dragons, 11 maréchaux des logis et 21 officiers de Mestre-de-camp, avec 364 chevaux ;

24 hussards de Pollereski, dont 20 à cheval.

Minden, place des plus médiocres dans l'état où elle se trouvait alors, fut assiégée dans les formes par le prince Ferdinand qui en fit la garnison prisonnière de guerre. Nous n'entrerons pas dans le détail de ce nouvel échec, dont on témoigna à Versailles une indignation bruyante. La ville investie le 5 mars, attaquée le 7 au soir, bombardée le 12, se rendit le 14[1].

Nous nous bornerons à citer un témoignage contemporain. Notre ministre à Cologne, M. de Torcy, écrivait le 27 mars :

« M. de Ferrières, capitaine des volontaires royaux, que le maréchal d'Estrées, à son départ, avait fait aide-major de Nienbourg, est arrivé ce matin chez son cousin germain. Il sort de chez moi et m'a dit que par la capitulation que M. Bruslard, lieutenant-colonel de Lyonnois, avait fait à Nienbourg, il était spécifié qu'il serait conduit à l'armée de S. A. S., que malgré cela l'escorte qui les a conduits de Nienbourg, les a forcés d'entrer dans Minden qui était bloqué de tous côtés, qu'ils y avaient essuyé le siège et avaient été faits prisonniers comme le reste de cette garnison ; que tout le temps qu'ils avaient été dans Nienbourg, ils n'avaient pu avoir de

---

1. On raconte que le lieutenant-colonel Bruslard qui avait déjà signé la capitulation d'Asti en Piémont, signa également celle de Minden, si bien que le ministre, en y voyant son nom, s'écria : « C'est bien dommage que Bruslard ait appris à écrire. » (Pajol, tome IV, p. 223.)

munitions que la veille qu'ils ont été attaqués ; qu'on n'y avait fait nul approvisionnement d'aucune espèce, ni palissades, non plus qu'à Minden, *très mauvaise place où tout manquait,* et il m'a assuré très positivement en me faisant le détail de tous les corps qui étaient dans cette ville qu'il n'y avait pas 1,500 hommes effectifs de prisonniers de guerre, les débris du régiment des Gardes Lorraines n'étant pas de 130 hommes, les grenadiers et grenadiers postiches de Solar ne montant pas à 300, les deux bataillons de Salis n'étant pas plus de 300 ; que beaucoup de dragons et de soldats de Lyonnois s'étaient sauvés ; ce qui prouve, par l'état de ces régiments, le délabrement où sont les troupes du Roi et surtout l'infanterie. »

Lors de la dislocation des prisonniers de guerre faits à Minden, ceux des Gardes Lorraines furent internés à Hanovre, avec ceux de Lyonnois, des volontaires de Flandres, de Hainaut et de l'artillerie.

L'initiative énergique d'un caporal de Lyonnois fut la seule consolation de ce désastre et mérite d'être rappelée ici, pour montrer que nos soldats si mal menés conservaient toujours leurs qualités de race. Le comte de Clermont transmit le 24 mars au ministre un rapport de M. de Rouvre, aide de camp de M. de Morangies, daté du 22 et dans lequel on lit :

« M. le prince Ferdinand est très fâché qu'il a déserté près de 1,500 hommes de Minden et de ce qu'en se sauvant ils ont égorgé, pour se faire passage, deux postes de cent hommes chacun. C'est un caporal de Lyonnois qui s'est mis à la tête de ces déserteurs et qui les a conduits. »

« Voici, écrivait le général en chef, l'action d'un caporal des grenadiers de Lyonnois, nommé La Jeunesse, qui m'a fait grand plaisir. Sur la fin de la capitulation, ce caporal a trouvé le moyen de s'évader de la place suivi de 1,500 soldats ou cavaliers. Hors de la place il s'est trouvé dans la nécessité de déboucher, pour se sauver, sur deux postes des ennemis de 50 hommes chacun. Il a fait une disposition de ses 1,500 hommes, s'est mis à leur tête, a marché droit aux deux postes, les a attaqués, forcés et égorgés et a continué son chemin sur Wezel, où il est arrivé avec sa troupe sain et sauf. Ce fait m'est constaté par plusieurs officiers et entre autres par M. du Rouvre. J'ai écrit à Wezel pour avoir ce caporal et savoir de lui son histoire. Cet homme méritera d'être fait officier et d'avoir quelques petites grâces qui le fassent subsister honnêtement. Vous ne sauriez croire, Monsieur le Maréchal, quel plaisir me fera cet événement, s'il est précisément comme on me l'a dit. Cela marque que nous avons encore du nerf et qu'il ne s'agit que de le rappeler. »

Le prince eut-il en effet le plaisir de retrouver et de récompenser dignement le caporal La Jeunesse? C'est ce que nous avons inutilement cherché dans les archives de son armée. Bien qu'elles soient volumineuses, elles laissent, il est vrai, bien des questions obscures. C'est ainsi qu'un état d'emplacement des troupes au 20 mars 1758 porte la mention : « Gardes Lorraines, 2 bataillons, à Wolbeck près Munster. » Dieu sait ce qui restait de ces deux bataillons !

Le comte de Clermont avait évacué Hanovre le 28 février, jour où il campa à Hattensen; empêtré et embourbé, il fit lentement sa retraite, par Hameln et Paderborn, sur le bas Rhin, à Wesel qu'il atteignit le 29 mars; ses troupes y arrivèrent les deux jours suivants. Trop faibles pour jouer encore un rôle actif, les débris des Gardes Lorraines furent envoyés en arrière, en attendant leur retour en Lorraine pour recruter de nouveaux soldats et reconstituer leurs bataillons. Lorsque le ministre donna le 16 mai l'ordre de le faire rentrer, le régiment était sur la basse Meuse à Kessel, à mi-chemin entre Venloo et Ruremonde. L'armée rendit compte de l'exécution de cet ordre par la lettre suivante, datée de Wesel 20 mai et signée Monteynard :

Monseigneur,

J'ai reçu la lettre dont vous m'avez honoré le 16 de ce mois..... Le régiment de Mestre-de-Camp-général-dragons, dont vous désirez le retour à Metz, est parti aujourd'hui pour s'y rendre.

..... S. A. fait de même partir, le 26, le régiment des Gardes Lorraines de Keyssel pour se rendre à Thionville où il arrivera le 15 juin, et vous voudrez bien lui faire adresser des ordres pour le conduire à Nancy où vous le destinez. Je joins ici copie de la route qui lui a été expédiée aujourd'hui.

Depuis Ruremonde jusqu'aux faubourgs de Trèves, le régiment

n'eut à traverser que de petites localités ; ses dernières étapes furent le 12 juin à Saarburg, le 13 et le 14 à Sierck, il entra le lendemain à Thionville.

Appelé de nouveau à servir comme maréchal de camp dans l'armée d'Allemagne par une commission du 16 mars, le prince de Beauvau s'était employé, dès avant son départ de Versailles, à obtenir des récompenses pour les officiers du régiment des Gardes, dont il était toujours le colonel-lieutenant. Après en avoir écrit le 22 mars au maréchal de Belleisle, il adressa le 26 au comte de Clermont une lettre que nous croyons devoir reproduire encore, parce qu'indépendamment de son intérêt pour l'histoire du personnel, elle montre comment se traitait alors cette question des récompenses, et comment la troupe en était exclue, ce qui froisse nos sentiments actuels d'équité. Dans toute cette correspondance en effet, de même que dans les rapports antérieurs, on ne trouve la mention nominative d'aucun sous-officier ou soldat, même en ce qui concerne ces braves compagnies de grenadiers qui avaient laissé la plupart des leurs tombés aux abords du pont ou dans le réduit d'Hoya.

Voici la copie de la lettre du prince, conservée aux archives :

Monseigneur,

Je sais qu'on n'importune point Votre Altesse Sérénissime en l'engageant à faire du bien ; M. le maréchal de Belleisle est très disposé à procurer des grâces du Roi au régiment des Gardes de Lorraine, mais il ne veut, avec raison, les demander que d'après les témoignages que V. A. S. aura la bonté d'en rendre. J'ai déjà eu l'honneur de vous recommander le régiment en général, tant pour qu'il reçût des récompenses pour ce qu'il a fait, que des indemnités pour ce qu'il a perdu ; je m'attache particulièrement aujourd'huy, Monseigneur, à vous supplier de demander nommément telle grâce pour tel officier et voicy ce que je me crois fondé à vous proposer.

La *commission de colonel* pour le sieur de Groing, commandant de bataillon du régiment à l'affaire d'Hoya ; c'est un ancien officier, homme de condition très propre à être à la tête d'un corps et être susceptible de toutes les grâces.

Une *commission de lieutenant-colonel* pour le chevalier d'Ambly, capitaine de grenadiers, homme de condition, très bon officier et qui s'est distingué à la même affaire, où sa compagnie a beaucoup souffert.

Une *commission de lieutenant-colonel* pour le chevalier de Chastellard, major, qui joint à la naissance toute la valeur et l'intelligence possibles de son métier. C'est le jugement que M. le duc de Broglie en a porté dans toute l'expédition de Brême, où il a fait le détail de son infanterie. Il s'est particulièrement distingué au détachement de Rittershude où il a voulu accompagner le chevalier de Beauvau, quoique son détail auprès du général l'en dispensât.

Une *pension* pour le sieur de Gourmond, capitaine de la tête, pauvre et bon gentilhomme qui s'est retiré avec les drapeaux à Nienbourg, après s'être soutenu autant qu'il lui a été possible à la rive gauche du Weser.

Voilà, Monseigneur, ce que je crois devoir vous engager à demander, en vous suppliant de croire que je ne suis conduit que par le seul désir de voir remettre de l'émulation par des récompenses bien placées; je prendrai la liberté de faire remarquer à V. A. S. que le régiment de Mailly, dans une circonstance moins favorable à ce qui me semble, a eu trente-sept grâces.

J'ai l'honneur d'être avec le plus profond respect, Monseigneur, de Votre Altesse Sérénissime, etc...

Signé : Le Prince DE BEAUVAU.

Le comte de Clermont n'avait pas attendu cette lettre pour agir ; un dossier de propositions établi au ministère et daté du 28 mars en fournit la preuve. Il a pour titre : *Grâces demandées à l'occasion de l'affaire d'Hoya*. Nous devons nous borner à en reproduire quelques extraits :

Chevalier Dambly, capitaine de grenadiers. M. le comte de Clermont demande une *pension* pour lui ; dit qu'il s'est distingué, qu'il s'est trouvé à plusieurs autres affaires pendant la campagne et que c'est un homme de condition, sans bien, qui a perdu tout son équipage.

Lieutenant réformé dans Fleury-Cavalerie le 1er mars 1723. — Lieutenant dans les Gardes de Lorraine le 4 avril 1731, aide-major le 1er juillet 1737. — Capitaine le 6 août 1740, *idem* de grenadiers le 26 avril 1748. — Fait chevalier de Saint-Louis le 1er février 1747.

Il a été blessé de deux coups de feu à l'affaire de Deckendorff.

Giemare, capitaine. M. le comte de Clermont demande une *pension* pour lui. Dit qu'il a marché postiche à la seconde compagnie de grenadiers et qu'il a été fait prisonnier en combattant.

Volontaire le 1er mai 1740, lieutenant de grenadiers le 6 août suivant. Capitaine le 11 septembre 1746.

Il est également demandé des grâces pour les capitaines : *Maillane,* blessé à la cuisse, déjà blessé en 1747 près de Menton ; *Rigniac* (jambe cassée) ; *Saint-Genis* (5 coups de feu), et en outre pour les deux lieutenants de grenadiers *La Violette* et *Fassion,* blessés légèrement, et pour les deux sous-lieutenants des mêmes compagnies *Hugon* et *Rafine.* Ces quatre derniers, officiers de fortune venus des sous-officiers, pourraient être, à la rigueur, considérés comme représentant les récompenses accordées à la troupe, mais il ne reste pas moins vrai de dire qu'en règle générale, le dévouement le plus héroïque ne suffisait pas pour obtenir alors au simple soldat d'autre distinction que la grenade ou les plus modestes galons. Il fallut une grande révolution, tout le génie et la puissance de Napoléon pour faire sortir de leur giberne la croix d'honneur !

Du reste, pour les officiers eux-mêmes, les récompenses telles que nous les comprenons aujourd'hui n'étaient pas prodiguées : l'avancement était lent dans les grades inférieurs et la croix de Saint-Louis ne s'obtenait guère qu'après de longs services. Dans les Gardes Lorraines, cinq capitaines morts ne furent remplacés en bloc que l'année suivante, le 31 mars.

Quant aux pensions et gratifications accordées par le Roi, dispensateur de toutes les grâces dans son armée, sorte de récompenses accessoires admises pour les officiers de tout grade par les mœurs militaires du temps, voici la part faite au régiment en cette occasion :

Dambly, capitaine de grenadiers, *pension* sur le trésor royal. . 400 ₶
Giemare, capitaine, *pension* sur le trésor royal 300
Maillane, capitaine, gratification sur le 4ᵉ denier. 350
Rigniac, capitaine, gratification sur le 4ᵉ denier. 400
Saint-Genès, capitaine, gratification sur le 4ᵉ denier. 400
La Violette, lieutenant de grenadiers, gratification sur le 4ᵉ denier. 200
Fassion, lieutenant de grenadiers, gratification sur le 4ᵉ denier 200
Hugon, sous-lieutenant de grenadiers, gratification sur le 4ᵉ denier 150
Rafine, sous-lieutenant de grenadiers, gratification sur le 4ᵉ denier 150

Le sous-lieutenant de grenadiers Hugon que l'on vient de voir mentionné à deux reprises, est l'un des deux officiers représentés dans la planche accompagnant la présente notice et montrant le dernier uniforme des Gardes Lorraines. Son compagnon est le capitaine *François-Joseph Maucler-Bosse*, nommé le 31 mars 1759 à une compagnie vacante par la retraite du capitaine Riocourt. Le nouveau capitaine ne resta pas longtemps au régiment, car ayant abandonné son emploi, selon l'expression des bureaux de la guerre, il fut remplacé le 15 août 1761 par M. Louis-Joseph de Maillé qui ne fit lui-même que paraître aux Gardes. Ces deux mutations permettent de circonscrire la date du double portrait appartenant à M. le marquis de Vaulchiez et dont nous avons déjà parlé [1].

Rentré en France, le régiment des Gardes Lorraines ne reprit pas tout d'abord son service à la cour de Stanislas ; d'après un écrivain lorrain (Durival), il arriva le 6 octobre 1758 à Nancy, venant de Toul, et le lendemain il envoya à Lunéville un détachement relever les quatre compagnies de Royal-Roussillon, qui y étaient venues faire le service lors du départ des Gardes l'année précédente.

---

1. Voir la page 44 de la présente notice. Ce petit tableau à l'huile, fort intéressant a été reproduit dans la 3e partie du superbe ouvrage consacré à l'Exposition militaire rétrospective de 1889. Nous l'avons nous-même emprunté à cette dernière source.

Le lieutenant Hugon, né à Mortier-sur-Saulx-en-Barrois, était un homme superbe et un serviteur modèle. Voici ses notes en 1764 :

« Officier de fortune. Il est de la plus grande valeur, il a de l'intelligence et il est rempli de zèle et d'exactitude. »

Le drapeau d'ordonnance des Gardes Lorraines n'apparaît qu'imparfaitement dans ce tableau. Il avait deux quartiers jaunes et deux quartiers noirs opposés, une couronne ducale au centre de la croix et cinq aiglons noirs dans chaque branche.

Le Régiment de 1759 à 1791.

Le 18 mars 1759, le régiment des Gardes Lorraines reçut l'ordre de partir pour la Normandie et fut de nouveau relevé à Lunéville par le détachement de Royal-Roussillon [1]. Contrairement à ce qu'indique la notice consacrée au régiment de Lorraine dans l'*Histoire de l'infanterie* de Susane, le corps servit alors sur les côtes de la Manche et y trouva l'occasion de se distinguer lors du bombardement du Havre par les Anglais. La preuve en est fournie par la pièce suivante des archives, signé du duc de Mortemart, colonel du régiment depuis le 20 mars 1774. Il importait donc de la reproduire ici.

Régiment d'infanterie de Lorraine cy devant Gardes Lorraines.

Affaire d'Hoya.

L'affaire d'Hoya arrivée le 23 février 1758, où le régiment de Lorraine, cy-devant Gardes Lorraines, a souffert une perte considérable d'officiers, a été fait prisonnier en partie et le reste (*sic*) peu de jours après à Minden, doit être comptée pour une campagne, attendu que ce régiment ayant reçu ordre de se rendre au Havre de Grace ensuite de cette affaire, n'est rentré en France après cette action que pour réparer ses pertes en officiers et soldats.

Bombardement et blocus du Havre.

Le régiment des Gardes Lorraines, aujourd'hui Lorraine, étant rentré en France après l'affaire d'Hoya, a tenu garnison au Havre pendant les années 1759 et 1760.

En 1759, le 4 juillet et jours suivants, le régiment seul alors de garnison dans le Havre avec la brigade d'artillerie de Lapelterie, essuya le bombardement de cette place par les Anglais, y perdit plusieurs officiers tués ou blessés par le feu de l'ennemi.

L'amiral Rodney continuant en 1760 de bloquer le port du Havre avec une escadre considérable et ne cessant d'inquiéter la

---

1. Les 5 canons perdus à Hoya par le régiment, furent auparavant remplacés par les magasins de Strasbourg.

navigation de l'embouchure de la Seine, tant pour enlever les bâtiments caboteurs naviguant sur cette rivière, que pour essayer de brûler les bateaux plats rassemblés dans l'anse de l'Eure. M. le duc, aujourd'hui maréchal d'Harcourt, donna ordre d'embosser, à l'embouchure de la Seine, deux pontons portant du canon de 36 et deux bateaux plats portant chacun des pièces de 24 pour défendre aux ennemis l'entrée de la rivière.

M. le comte de Buffevent, aujourd'hui lieutenant-colonel du régiment, commandant une compagnie de volontaires choisis à cet effet, fut nommé par M. le duc d'Harcourt pour veiller plus particulièrement à la garde des batteries flottantes gardées par les gardes ordinaires de ce régiment (et commandées par des officiers qu'on relevait toutes les 24 heures) sous les ordres particuliers de M. Declieux, chef d'escadre commandant la marine au Havre. L'ordre de M. de Buffevent, exécuté plus d'une fois, était de s'y porter à la première alarme, pour renforcer les gardes ordinaires.

Pendant toute la campagne de 1760, ces batteries flottantes toujours gardées par le régiment des Gardes Lorraines, n'ont cessé d'être inquiétées par les frégates, caiches et bâtiments légers de l'ennemi, de leur tirer du canon pour les éloigner et de recevoir leur feu.

Indépendamment de ces batteries flottantes, 4 chaloupes-canonnières montées par des détachements alternatifs de ce régiment n'ont cessé par leur feu d'éloigner l'ennemi, de l'empêcher d'effectuer un second bombardement et ses projets sur les bateaux plats et sur la navigation de la Seine. Plus d'une fois les chaloupes-canonnières ont dû s'emparer des frégates ou caiches de l'escadre ennemie. Dans le courant de cette campagne, le passager du Havre à Honfleur, vivement poursuivi par une caiche anglaise, ne dut son salut qu'au feu bien dirigé d'un des bateaux plats embossés et monté par une garde ordinaire du régiment des Gardes Lorraines, toujours commandée par un officier, qui désempara totalement la caiche anglaise et la força à la retraite.

Ce service semble devoir être compté pour une campagne de guerre, *d'autant que pendant cette campagne le régiment a eu le traitement de guerre et reçu l'ustencile.*

Le Duc de Montemart.

Le 14 septembre 1760, la commission de colonel du régiment des Gardes Lorraines, charge vacante par la démission de M. le prince de Beauvau, alors lieutenant-général employé à l'armée d'Allemagne, fut donnée au sieur Louis Bruno de Boisgelin, comte de Cucé, cornette en la 1re compagnie de mousquetaires avec rang de mestre de camp de cavalerie. Le chevalier de Beauvau, colonel en second, avait dû quitter le service dans cette même année 1760.

La suite de l'histoire du régiment nous entraînerait trop loin et nous avons hâte de terminer; bornons-nous donc aux indications les plus indispensables pour permettre de suivre sa trace.

Les Gardes Lorraines reparurent en Allemagne en 1761 et y servirent encore en 1762. En mars 1763, elles vinrent à Bitche; au mois de mai leur 1er bataillon se rendit à Lunéville et le 2e à Metz, d'où il retourna à Bitche en décembre. Le régiment entier fut réuni à Lunéville en novembre 1764; il y faisait le service extérieur du château lors du fatal événement du 5 février 1766, des suites duquel le roi Stanislas mourut le 23. Le bon roi, dernier duc de Lorraine et Barrois, allouait deux liards par jour de gratification aux soldats de son régiment. Ils perdirent cette *douceur* et durent renoncer à leur beau titre de Gardes Lorraines ainsi qu'à leur uniforme galonné de troupe d'élite.

Nous avons reproduit déjà au début de cette notice, page 14, le rapport approuvé par Louis XV le 29 mars 1766 qui enlevait au régiment ses privilèges, en le classant simplement à son rang dans l'infanterie française, sous le titre de Lorraine qu'un corps d'infanterie antérieur avait déjà porté.

En mai de la même année 1766, le nouveau régiment de Lorraine était envoyé à Briançon, mais le rude hiver des Alpes lui fut épargné; il se rendit à Carcassonne en novembre. Ses garnisons ultérieures furent d'abord:

Toulon, 8 juin 1768;
Landau, 24 juin 1770;
Phalsbourg, 11 juillet 1771;
Strasbourg, 10 octobre 1771;
Dunkerque, 2 octobre 1772;

Caen, 2 octobre 1774 ;

Saint-Servan, 12 janvier 1778 ;

Dinan, 13 février 1778.

De 1778 à 1791, Lorraine resta toujours sur les côtes de Bretagne ou de Normandie, sauf trois années passées en Flandre, à Lille, Berghes et Graveline ; il était à Bayeux lorsqu'en 1791 il perdit son nom de province pour devenir simplement le 47ᵉ régiment d'infanterie. Le régiment qui a fait honneur à ce nᵒ 47 dans l'armée actuelle, garnisonne lui aussi sur les côtes de Bretagne ; nous serions heureux si les recherches assez ardues nécessitées par la présente notice ne restaient pas complètement inutiles à son historique, ou si du moins elles pouvaient contribuer à faire mieux connaître des soldats d'aujourd'hui les bons services des Gardes Lorraines, leurs parrains officiels. A ce point de vue, qui relie les traditions du régiment à celles de notre extrême frontière actuelle, on pourrait regretter que, lors de la réorganisation de 1873, un hasard intelligent n'ait pas affecté au 47ᵉ la garnison de Nancy.

* * *

Se succédant lentement dans un trop grand nombre de numéros d'une Revue aussi restreinte encore que le *Carnet de la Sabretache*, les travaux tels que celui-ci prêtent, nous l'avouons, le flanc à une facile critique ; ils semblent aux lecteurs inattentifs, qui forment souvent une importante majorité, décousus et interminables, étant donnée la monotonie du sujet. Dans le cas particulier, une plume inexperte, une rédaction hâtive, poursuivie au fur et à mesure des recherches, ne pouvaient masquer ce défaut. Ceux-là seuls d'ailleurs qui ont l'expérience de fouilles semblables dans des archives volumineuses, savent tenir un juste compte du nombre considérable de pièces à consulter et apprécier la patience tenace nécessaire pour arriver au but. Dans cet essai relatif aux Gardes de Lorraine, notre intention a été double : rendre d'abord hommage aux traditions militaires de cette province, notre pays natal, puis, à un point de vue plus général, montrer par un exemple ce qu'il était possible de retrouver actuellement d'informations, détaillées et authentiques, sur les principaux épisodes de l'histoire ancienne d'un de nos vieux régiments, choisi pour ainsi dire au hasard.

Nous serions payés de notre peine si, tout imparfaite qu'elle soit, cette tentative avait prouvé, à ceux du moins qui auraient bien voulu la suivre, la possibilité d'aller beaucoup plus loin dans cette voie, qu'ils ne l'auraient cru sans doute. Peut-être alors, maintenant que, pour la plupart des corps, le gros du travail est fait, trouverait-on des officiers disposés à entreprendre des notices particulières, venant successivement s'encadrer dans le canevas, forcément assez léger, de l'historique d'ensemble d'un régiment d'existence séculaire. Rien ne serait, à notre avis, plus instructif. Nous estimons en effet que c'est là l'une des plus fructueuses manières d'étudier notre ancienne histoire militaire, si variée, si pleine d'enseignements, parce que l'on donne ainsi pour attrait spécial à des recherches, toujours laborieuses, l'intérêt que doivent avoir, pour chaque officier, les souvenirs propres au corps dont il fait partie.

En terminant une aussi longue notice, nous tenions à plaider cette *circonstance atténuante,* voilà qui est fait et maintenant : « *Ami lecteur,* dirons-nous comme maint vieil auteur, *qui que tu sois, sympathique inconnu, si tu nous as lu, puisses-tu nous absoudre !* »

ERRATA.

P. **4**, ligne 6, *au lieu de :* essayées, *lisez :* essuyées.
P. **12**, ligne 18, *au lieu de :* un jaune, *lisez :* en jaune.
P. **37**, ligne 20, *au lieu de :* rendais, *lisez :* rendait.